Gute Reise

Deine Doris

Elle Macchietto della Rossa

Frühlingsrollen auf dem Ahnenaltar

Vietnamesische Aufbrüche

Elle Macchietto della Rossa

Frühlingsrollen auf dem Ahnenaltar
Vietnamesische Aufbrüche

Picus Lesereisen

Picus Verlag Wien

Dear Minh,

you would not have given me permission to dedicate this book to you; I did not ask.
What does a traveller bring to a country, what does a traveller take from a country, except observations? I could have told more personal accounts, but not everything belongs to the public. Because I love your country and your people, I needed to write down some of my observations to share them with others. The result has a size almost fitting into a shirt pocket … close to the heart.
I am grateful for the hospitable welcome by your generous compatriots. Vietnam still feels like home.
This book is my gift to you – in memory of deep happiness.

Cam on.
Elle

Grafische Gestaltung: Dorothea Löcker, Wien
Umschlagabbildung: © Elle Macchietto della Rossa
Druck und Verarbeitung: Remaprint, Wien
ISBN-10: 3-85452-919-8
ISBN-13: 978-3-85452-919-4

Informationen über das aktuelle Programm
des Picus Verlags und Veranstaltungen unter
www.picus.at

Inhalt

Kultur
Hanoi ist eine Dame

Regrets for Old Thang Long
Why does it please the Creator to upset the
human stage?
How many stars have fled, how many
misty seasons gone?
The soul of autumn grasses haunts old
paths where carriages once passed,
On ancient palace walls rays of evening
float.
The stones still face the months and years
But in sorrow the water trembles,
and shudders by these changes
Present and past reflect in the ancient
mirror,
My heart broken at the sight.

BA HUYEN THANH QUAN,
Lehrerin im königlichen Harem,
19. Jahrhundert

Hanoi ist eine Dame – stark, elegant, gebildet, stolz, aufgeschlossen und zurückhaltend. Hanoi ist Architektur des Ostens, vermählt mit den Stilen des Westens. Hanoi ist eine gepinselte Kalligrafie im Morgennebel. Hanoi ist Garküche auf Schultern und Pariser Café. Hanoi ist warmes Nieseln im Frühling, Zikadenzirpen im Sommer, liebkosender Windhauch im Herbst, Holzkohlengeruch im Winter. Hanoi ist totalitäres Regime und kapitalistischer Umsturz. Hanoi ist tausend Jahre Kultur und Geschichte im Umbruch. »Hanoi Oi« ist ein Liebeslied an eine Stadt. Diese Stadt ist eine Dame.

»Banh my, nong oi!«, ertönt der allmorgendliche

Weckruf. Nicht ein krähender Hahn, sondern der Sing-Sang der Brotverkäufer klingt durch die engen Gassen der Hauptstadt. Es ist fünf Uhr Früh. Hanoi erwacht. Der Tag beginnt. Mit den Stimmen der Brotverkäufer kriecht der Duft von frischem Weißbrot unter die Bettdecke. Das Vermächtnis der Franzosen balanciert auf dem Kopf seines Verkäufers in einem runden Korb, eingepackt in einen Jutesack. Heiß aus dem Backofen werden die Baguettes zum Frühstück geliefert. Knarrend öffnen sich große Eisentore, dem Rasseln von Ketten folgt ein Gebell von wachsamen Hunden. Die Familien der unterschiedlichen Stadtviertel folgen dem jeweiligen Marktruf ihres Verkäufers. Jeder Brotverkäufer hat seinen eigenen Ton, pünktlich wie die Uhr kündigt er täglich zur selben Zeit sein Brot an. Während weißes Brot gegen die am häufigsten verwendeten und deshalb am meisten verschmutzten Hundert-Dong-Scheine den Besitzer wechselt, wird im Haus auf einem Gaskocher mit Dosengas das Wasser im verbeulten Wasserkessel erhitzt. Ein verbogener Kaffeefilter aus dünnem Blech wird mit drei Löffeln vietnamesischen Kaffees befüllt und mit kleinen Wassermengen überbrüht. Langsam sickert dunkelbrauner Espresso auf die gelbliche, zähflüssige, süße Kondensmilch auf den Tassengrund, die den Kaffee beim Umrühren braun färbt. Als *nong nau*, als heißen Braunen würde man ihn im Kaffeehaus bestellen.

Während der Familienalltag beginnt, die Jause für die Kinder in der Schultasche verstaut wird, adrett gekleidete Business Ladies im Kostüm und Männer in Kurzarmhemden auf ihrem Moped zum Arbeitsplatz rattern, herrscht in der Stadt schon seit Stunden geschäftiges Tun.

Etwa in Hanois Zentrum, am Hoan-Kiem-See. Umringt von einer Einbahnstraße, treffen sich am von Bäumen gesäumten, gepflasterten Ufer des kleinen Sees zu jeder Jahreszeit schon mit Sonnenaufgang agile Frühaufsteher jeder Altersstufe. Sie üben *tai chi chuan* – Schattenboxen – oder Federballspiel, Musikgymnastik, machen Liegestütze. Begleitet werden ihre sportlichen Aktivitäten von Musik aus Lautsprechern, die an den Bäumen des Seeufers befestigt sind. Schon Sinatras Stimme klang aus ihnen. Allmählich tauscht das Seeufer die harmonischen Bewegungsabfolgen der Turner gegen eine hektische Geschäftigkeit. Statt Musik dröhnen offizielle Botschaften blechern aus den unbeliebten Schalltrichtern: Es sind Morgennachrichten oder beispielhafte Erziehungsregeln. Sie erinnern die Bewohner der Hauptstadt auch daran, morgens und abends das Zähneputzen nicht zu vergessen.

Ein anderer Nationalsport garantiert zwar ebenfalls einen Adrenalinausstoß, doch nur wenig Bewegung. Im Long-Bien-Sportclub werden Hahnenkämpfe abgehalten. Der Blutsport ist in Vietnam verboten, daher erfährt man Austragungsort und -zeit nur über vier Ecken. Dem Spektakel wohnen bis zu dreihundert Menschen bei, sie kommen sogar aus den umliegenden Provinzen, um ihr Geld auf einen Hahn zu setzen. Den Kampfausgang bestimmen die Rasse, das Training, die Einschätzung von Stärken und Schwächen des Vogels und die Auswahl des Gegners. Die zwei ausgewählten Kampfhähne kommen auf die Waage. Vierzig Dekagramm Mehrgewicht sind das Limit für die Kampfhähne mit enormer Ausdauer. Eine Runde dauert fünfzehn Minuten, in einem Match können zehn bis vierzig Runden gekämpft werden. Eine fünfminütige Pause folgt jeder Runde. In dieser Erholungsphase kümmern sich zwei bis drei Trainer um die Vögel und waschen sie mit heißem Wasser ab, reiben sie mit einem Handtuch trocken, massieren ihre verspannten Muskeln. Die Trainer geben ihnen zu trinken und stopfen sie mit einer Hand voll Reis, Kraftfutter für den nächsten Durchgang. Ob die Zuschauerzurufe die Hähne anspornen? »Spring auf!«, »Wunderbarer Kick!«, »Stoß seinen Kopf hinunter!«, rufen sie. Kein Wunder, dass sie hochrote Köpfe haben, denn einige der Wettenden riskieren dabei ihr ganzes Monatsgehalt. Der Ringkampf ist zwar hart, einen toten Hahn gibt es aber nie. Verlierer ist der Hahn, der entweder nicht mehr kämpft oder aus dem Ring flieht.

Einem Ringkampf gleicht auch der Verkehr in Hanoi. Um acht Uhr herrscht Stoßverkehr. Die Marktfrauen kommen in überbeladenen Fahrradrikschas, den *cyclos*, zum Markt. Der *Cyclo*-Fahrer tritt die Pedale oft im Stehen, damit er über sein beladenes Fahrzeug sehen kann und seinen Weg nicht verliert. Auch die Marktfrauen selbst verschwinden hinter und unter den zahlreichen Kisten voller Gemüse und Obst auf dem *Cyclo*-Sitz und die mitfahrenden, an den Füßen zusammengebundenen Enten und Hühner ahnen noch nichts von ihrer letzten Reise. Viele Marktverkäufer kommen über die Long-Bien-Brücke aus der Provinz nach Hanoi. Die Brücke ist mehr als nur eine wichtige Verbindung der Gemeinden auf beiden Seiten des Roten Flusses. Vielmehr ist sie ein historischer Überrest des modernen Vietnam. Die Brücke war strategisch wichtig als Verbindungslinie zwischen dem Süden und dem Norden. Deshalb wurde sie 1965 in einer zwölfwöchigen Angriffsserie vom amerikanischen

Militär attackiert, jedoch nie vollkommen zerstört. Alle Eisenbahn- und Lastwagentransporte aus China mussten über diese Brücke nach Hanoi, und über sie führte die Eisenbahnverbindung zum Hafen in Haiphong. Ohne die Brücke wären Versorgungsengpässe entstanden. Dies ist bis heute so geblieben. Geändert haben sich nur die Verkehrsteilnehmer: heute überqueren nur noch Züge, Fußgänger und Fahrräder die alte Brücke. Personen- und Lastwagen benutzen die neue und robustere Long-Bien-Brücke. Auf der anderen Seite des Roten Flusses, Hanoi gegenüberliegend, befindet sich die Provinz Gia Lam. Hunderte Händler und Handwerker kommen von dort jeden Tag über den Roten Fluss in die Hauptstadt. Auf den Fahrrädern werden dicke Bündel taufrischer Rosen mit scharfen Dornen und betörendem Duft in die Stadt transportiert. Vor allem am Vollmondtag haben Blumen Hochsaison, denn traditionellerweise besucht man an diesem Tag Tempel und Pagoden und bringt Blumen für die Götter mit. Die geschäftstüchtigen Händler verkaufen sie bei Vollmond zum doppelten Preis. Neben den Rosen, den bevorzugten Blumen für einen Tempelbesuch, opfern die Gläubigen auch Räucherstäbchen und allerlei Gaben: Miniaturkleidung aus buntem Seidenpapier, aus Karton gefaltete Mopeds, Autos und Häuser. Unter den Vietnamesen herrscht der Glaube, dass der Geist eines Verstorbenen in ein neues Leben ins Jenseits eintritt. Dort benötigt er die gleichen materiellen Güter, wie er sie bereits im Diesseits kannte und vielleicht gar nicht besaß. Um den Verstorbenen ein angenehmes Leben nach dem Tod zu bereiten, opfern die Angehörigen diese Geschenke in Papierform. Sehr wichtig ist auch Geld, damit sich die

Toten ein bequemes Leben in der Nachwelt finanzieren können. Das »hell money« stammt aus der Höllenbank und trägt den Aufdruck »Hell Bank Note«. Höllenkreditkarten gibt es zusätzlich. Ursprünglich kam das Wort »Hölle« mit den Missionaren nach China und von dort nach Vietnam. Den nicht zum christlichen Glauben konvertierten Menschen wurde nach dem Tod ein Leben in der Hölle vorhergesagt. Die Hölle hieß jedoch nichts anderes als Nachwelt, somit wurde das Geld für die Nachwelt zum »hell money«.

Auch der Weg vom Flughafen führt über den Roten Fluss nach Hanoi. Ein vierspuriger Highway für Autos, Lastwagen, Mopeds, Fußgänger und Viehkarren. Die unterschiedlichen Verkehrsteilnehmer wirbeln auf der stark befahrenen Straße Staubwolken auf. Graue Betonhäuser säumen den Weg, ihre ebenerdigen Räume zur Straße hin sind meistens Geschäftslokale. Handgeschriebene Werbetafeln mit lateinischen Buchstaben stehen davor. »Com Pho«. Reis, Suppe. So werden einfache Straßenrestaurants in den Betonhäusern genannt. Eine andere Tafel sticht im Straßenbild besonders hervor: »Xe May« steht darauf geschrieben, Moped. Jeder Vietnamese versteht, dass es sich um eine Mopedwerkstatt handelt. Jeder andere weiß schon nach wenigen Kilometern Fahrt auf dieser Straße, dass das Moped das wichtigste Fortbewegungsmittel im Land ist.

Hanoi ist seit tausend Jahren das politische und kulturelle Zentrum Vietnams. Der Begründer der von 1009 bis 1225 regierenden Ly-Dynastie, König Ly Thai Tho, erwog eine Verlegung seiner Hauptstadt Hoa Lu in der Provinz Ninh Binh an einen Ort, der leichter erreichbar war. Dai La, das heutige

Hanoi, erschien ihm als Regierungszentrum seines Reiches vorzüglich geeignet, denn Dai La liegt im Herzen des Landes. Die Stadt in Form eines eingerollten Drachens sei aus allen vier Himmelsrichtungen gleich weit entfernt und vorteilhaft nach Bergen und Flüssen ausgerichtet. Der weite, flache Ort liege auf einer Erhöhung und schütze die Bevölkerung vor Überschwemmungen. Alles blühe und gedeihe. Es sei der schönste Ort, der Menschen und Reichtümer aus den vier Hauptpunkten zusammenbringe. Dai La gäbe eine exzellente Hauptstadt für die königliche Dynastie der folgenden zehntausend Generationen. Daher wünschte der König die Vorzüge dieses Ortes zu nutzen und seine Hauptstadt dort zu errichten. Die Hauptstadt wurde verlegt und »Thang Long« genannt, Aufsteigender Drache, Symbol von Stärke und Wohlstand. Heute heißt die Hauptstadt Vietnams allerdings »Stadt innerhalb des Flusses, Ha Noi«. Sie ist das politische Zentrum Vietnams, in ihr wird über die Geschicke der Nation bestimmt.

Über drei Millionen Einwohner leben in Hanoi. Das Stadtzentrum umfasst vier Bezirke: sein Herz schlägt am Hoan-Kiem-See, das kommerzielle Viertel liegt in der Altstadt nördlich davon, ebenso der Ortsteil der Zitadelle, und das ehemalige französische Viertel befindet sich im Westen in der Nähe des Ho-Chi-Minh-Mausoleums. Die Stadt hat ihr Aussehen tiefgreifend verändert, als Hanoi 1886 unter französische Herrschaft kam. Architekturstile vietnamesischer Tradition haben sich harmonisch mit französisch- kolonialen verbunden. Beinahe unverändert blieb der Stadtkern seit 1955. Sein Zauber entfaltet sich in alten Pagoden und Tempeln, meisterhaften Kolonialbauten, Alleen und kleinen Seen.

Die Kathedrale, der Dong-Xuan-Markt, die Universität, das Opernhaus, die ehemalige Banque d'Indochine sowie mehrere Hotels sind das Vermächtnis der Franzosen und erinnern eher an eine europäische Kleinstadt aus einer früheren Zeit als an die Hauptstadt eines südostasiatischen Landes.

Die Bewohnerinnen von Hanoi kleiden sich entsprechend ihren Möglichkeiten stilvoll und elegant, sogar die Gymnasiastinnen. Sie erinnern an fragile Schmetterlinge. Selbstbewusst behaupten sie sich im Stoßverkehr auf ihren klapprigen chinesischen Fahrrädern auf dem Weg zur Schule. Die weiten Hosen und das lange Kleid ihrer weißen Nationaltracht *ao dai* haben sie geschickt drappiert, damit es sich nicht in den Speichen verfängt. Die Studiermappe klemmt unter dem Arm der Kollegin, die im Damensitz auf dem harten Gepäckträger sitzt, so als wäre er weich gepolstert.

Die erste moderne Universität Vietnams wurde 1906 von der französischen Kolonialregierung gegründet. Eine Hochschule gab es in Hanoi schon Jahrhunderte davor. Der Literaturtempel und Ort der Verehrung von Konfuzius wurde im Jahre 1075 die erste Universität des Landes. In einem Anbau des Literaturtempels, dem »Quoc Tu Giam«, befand sich das »Institut der Söhne des Staates«. Bislang galt: Ein Affe bleibt immer ein Affe, ein Nobler produziert andere Noble. Das sollte sich ändern. Die im Zeichen von Konfuzius in dreijährigen Abständen abgehaltenen Prüfungen, hatten zum Ziel, fähige und gut ausgebildete, statt lediglich durch ihre Abstammung privilegierte Staatsdiener zu rekrutieren. Erstmals wurden die Prüfungen im Jahr 1075 abgehalten, fast unverändert bis 1915. Visionär war der damals herrschende dritte Kaiser der Ly-Dynastie, Ly Thanh Tong. Persönlich hielt er die ersten Prüfungen ab. Außer Frauen war grundsätzlich jeder Rechtschaffene zugelassen. Tausende Kandidaten stellten sich der Herausforderung, zumindest die niedrigste Stufe des *Mandarinates* zu erreichen. Auf Gelehrsamkeit und Wissen lag das Hauptaugenmerk der Ausbildung. Literatur, Ethik, Politik, poetische Kompositionen und richtiges Abfassen von administrativen Texten wurden geprüft. Alles, was ständigem Wandel unterworfen war, war tabu: Entwicklung und Forschung, das Bewusstsein von Geschichte und Individualität. An den Prüfungstagen strömten Hunderte Kandidaten aus allen Landesteilen herbei, die Sieger der regionalen Tests. Vom »Quoc Tu Giam« sind nur mehr Ruinen erhalten. Die Anlage des Literaturtempels Van Mieu ist intakt, ebenso jene zweiundachtzig Gedenktafeln in Schildkrötenform in einem seiner Innenhöfe, die die Namen der Prüfungskandidaten tragen, die zwischen 1442 und 1779 die Doktorwürde erlangt haben.

Die Examen an der Staatlichen Universität von Hanoi sind einfacher geworden im Vergleich zu den Prüfungen an der Eliteschule der Nation vor neunhundert Jahren. Das ist aber sicherlich nicht der Grund für das jugendliche Lachen der schmetterlingshaften Schülerinnen auf dem Weg zum Gymnasium, das sich mit dem unentwegten und nervenaufreibenden Hupen von Mopeds und Autos vermischt. Sie fahren auf Tuchfühlung nebeneinander. Der Stadtverkehr gleicht während der Hauptverkehrszeiten am Morgen und am späten Nachmittag einer bedrohlichen Walze. Klare Verkehrsregeln gibt es nicht. Für jemanden, der nicht daran gewöhnt ist, ist der Straßenverkehr beängstigend. Die ungeregelten Kreuzungen gleichen einem verworrenen Wollknäuel. Autos, Mopeds, Fahrräder und Marktfrauen mit Schulterjoch treffen sich in der Mitte der Wegkreuzung. Der stärkste Verkehrsteilnehmer bahnt sich den Weg nach vorne und hat den Vorrang. Es ist wichtig, immer in Bewegung zu bleiben. Der Schwächere ist manchmal frecher, deshalb schneller und riskiert oft einen folgenreichen Verkehrsunfall. Die jungen beinamputierten Personen im Straßenbild sind keine Kriegsopfer. Es sind vor allem die helmlosen, ohne Schutzbekleidung und zu schnell fahrenden Mopedlenkerinnen und -lenker, die die Unfallstatistik bestimmen.

Das kulturelle Zentrum Hanois befindet sich um den Hoan-Kiem-See. Am Seeufer hocken am Nachmittag alte und jüngere Männer am Gehweg, grübeln über einem am Boden ausgebreiteten karierten Brett mit breiter Mittellinie, dem gelben Fluss, auf dem runde Mühlesteine mit chinesischen Schriftzeichen liegen. Das Spiel heißt »chinesisches Schach«. Die Bezeichnungen der Figuren sind militärisch. Der General ist die Zentralfigur. Leibwachen, Elefanten, Pferde, Wagen, Soldaten und Kanonen unterstützen ihn. Es ist unserem Schach ähnlich, haben doch beide ihren Ursprung in Indien. Darüber hinaus besetzen rund um den Ho Hoan Kiem verliebte junge oder ältere Paare die Bänke und lassen sich von den ruhigen Wellen des Wassers in ihre Herzenswelt schaukeln. Anders als in anderen asiatischen Ländern, halten Liebespaare in Vietnam Händchen und tauschen auch in der Öffentlichkeit kleine Zärtlichkeiten aus. Auch wenn sie sich nicht mit ihren Lippen küssen, mit den Augen tun sie es.

Am Nordende des Sees führt die Brücke der

aufgehenden Sonne, eine rote Holzbrücke, zum Jadeberg-Tempel. Im diesem Tempel ist ein Exemplar jener Riesenschildkröte ausgestellt, die eine Vierteltonne wiegt, vierhundert Jahre alt sein soll und erst vor wenigen Jahren aus dem See gefischt wurde. Noch immer leben mehrere Exemplare dieser Schildkrötengattung in den Tiefen des Sees. Gelegentlich erscheinen sie an der Wasseroberfläche. Dann bilden sich Menschentrauben am Ufer, die sich so weit zum Wasser beugen, dass man befürchtet, sie könnten selbst in die Tiefe des grünen Ho Hoan Kiem gleiten. Um den See und die Schildkröten rankt sich die Legende, dass König Le Loi im vierzehnten Jahrhundert im Kampf gegen die chinesischen Ming-Invasoren die Hilfe des Himmels erfleht haben soll. Ein magisches Schwert soll ihm geholfen haben, die Eindringlinge aus seinem Reich zu vertreiben. Als er nach der Schlacht auf dem See eine Bootsfahrt unternahm, erschien dem König eine goldene Schildkröte. Sie entriss ihm das Schwert und brachte es seinem rechtmäßigen göttlichen Besitzer zurück. Daran gemahnt der kleine Tempel im See, er wurde der heiligen Schildkröte gewidmet. Die Schildkrötenpagode ist das Wahrzeichen Hanois, und die dazugehörige Legende wird im traditionellen Wasserpuppentheater allabendlich dargestellt. Versteckt hinter einem Bambusvorhang stehen die Puppenspieler bis zur Hüfte in einem Wasserbecken und manipulieren die siebzig Zentimeter großen, bunt bemalten Holzfiguren mit Stäben und Seilzügen.

Sechsunddreißig enge Straßen führen durch die Altstadt, das architektonische Juwel Hanois. Bei den Einheimischen hieß Hanoi schon immer »ba muoi sau pho phuong«, die Stadt der sechsunddreißig Straßen. Sie ist die Stadt der Handwerker, die vor Hunderten Jahren aus den Dörfern hierher zugezogen sind. So wie in den Dörfern organisierten sie auch in der Stadt strenge Zünfte. Die Straßennamen verkünden das Warenangebot. Die Pho Hang Dao war die Seidenstraße, die Geschäfte der Hang Bo boten Bambuskörbe an und in der Pho Hang Buom konnten Fischer die Segel für ihre Boote kaufen. Fisch gab es in der Pho Hang Ca, Nudeln in der Hang-Bun-Straße, Reis in der Hang-Gao-Straße, und in der Pho Hang Dieu wurden Wasserpfeifen hergestellt. In einigen Straßen wurden die ehemals traditionell dort hergestellten Produkte mittlerweile von Importware verdrängt, andere sind ihrem Gewerbe treu geblieben.

Hinter den schmalen Geschäftsfassaden tut sich ein geheimnisvolles Universum auf. An der Straßenfront sind die Geschäfte nur fünf bis sechs Meter breit. Die schmalen Gassen, die die Häuser trennen, laufen jedoch sechzig bis achtzig Meter tief ins Innere hinein. Ein Raum reiht sich an und über den anderen in diesen Tunnelhäusern. Hinter dem Geschäftslokal an der Vorderfront schließen die Werkstatt und das Lager an, dahinter folgen Schlafräume, Küche und Gemeinschaftsbad. Ein bis zwei offene Innenhöfe folgen und bringen Licht und Luft. Regenwasser wird dort gesammelt und in handbemalten, blau-weißen Keramiktöpfen wachsen allerlei Zierbäumchen und Kräuter für die Küche. Exotische Dschungelvögel von zwei Zentimetern Größe in türkis, orange und giftgrünem Federkleid sowie schwarzfedrige Gelbschnäbel in der Größe von Elstern zwitschern in kunstvoll gearbeiteten freihängenden Bambuskäfigen ihre Lieder. In den oberen Etagen befinden sich Salon und Schlafstätte des Familienoberhaupts. In den Tunnelhäusern leben bis zu vier Generationen, manchmal von einer einzigen Großfamilie. Einige der Häuser mussten schon schmalen Betontürmen weichen. Eine Sanierung des Altstadtviertels käme die Stadtverwaltung enorm teuer. Der Abbruch der Häuser würde allerdings die architektonische Einzigartigkeit Hanois unwiederbringlich zerstören. Die Hanoier, die in solchen Tunnelhäusern wohnen, finden ihre Wohnsituation weniger romantisch. Ihre Wohnhäuser mögen zwar einzigartig aussehen, die schmalen Gassen, die Enge der Tunnelhäuser ist jedoch alles andere als idyllisch. Besonders dann, wenn sie ihre Mopeds und Motorräder durch die Gässchen bis zum Hauseingang schieben, denn geparkt wird im Wohnhaus, damit das Luxusgut keinem Dieb zum Opfer fällt. Problematisch ist außerdem, dass es in den offenen Räumen und hellhörigen Höfen so gut wie keine Privatsphäre für die einzelnen Bewohner gibt.

Die Vietnamesen sprechen nicht allzu gut über Ihresgleichen. Neidisch seien sie, missgünstig, neugierig und eifersüchtig. Eigenschaften, die sie während der Zeit nach Kriegsende entwickelten, da sie von den Parteiorganen angehalten wurden, sich gegenseitig zu bespitzeln.

In den Wohnvierteln südwestlich des Ho-Chi-Minh-Mausoleums und in der Nähe des Daewoo-Luxushotels, in dem vor allem koreanische Geschäftsreisende absteigen, reihen sich gleich aussehende Plattenwohnbauten aneinander – nüchterner Stil, gerade Bauform. Sie rufen Bilder von Legebatterien in Hühnerfarmen hervor. Diese Plattenbauten wirken abgewohnt, ungepflegt und stark sanierungsbedürftig. In vielen Wohnungen dieser Komplexe leben schon lange kommunistische Parteimitglieder mit ihren Familien; ihr Wohnrecht gilt auf Lebenszeit. Auf einem Betonstreifen über den Stiegenaufgang werden die Mopeds und Fahrräder der Familienmitglieder bis in die obersten Stockwerke in die Wohnungen geschoben, zu denen man über eine offene Veranda gelangt. Auf der schmalen Verandenbrüstung pflanzt jeder Wohnungsbesitzer seine Grünpflanzen an und hegt sie mit Fürsorge. Den begehrten Fernseher gibt es dort in jeder Wohnung, er entspricht zumeist dem neuesten technischen Modell, ebenso die Fernsehprogramme. In Vietnam sind die ausländischen Programme aufgrund der Zensur noch immer einer kleinen privilegierten Schicht vorbehalten.

Ganz in der Nähe dieser Plattenbauten befindet sich seit 1997 die amerikanische Botschaft. Der Eingang des neu erbauten Botschaftsgebäudes wird von zwei Panzern beschützt, die zur Weihnachtszeit mit Christbäumen geschmückt sind. Zwanzig Jahre nach dem Ende des Krieges und eines lange währenden amerikanischen Handelsembargos, wurden die diplomatischen Beziehungen zwischen den ehemals verfeindeten Ländern wieder aufgenommen. Viele Hanoier machten in jener Zeit einen Ausflug zur Botschaft und wunderten sich über das ihnen dargebotene Bild, auch ohne Weihnachtsbäume.

Andere ausländische Vertretungsbehörden haben sich in den prachtvollen Kolonialvillen des früheren französischen Viertels niedergelassen, auf den weiten Boulevards am Ba-Dinh-Platz. Auch heute wohnen nicht die Hanoier in den Kolonialbauten im Stil der Jahrhundertwende, in denen von 1886 bis 1954 französische Kolonialherren weilten und der französische Generalgouverneur in einem Palast mit sechzig Räumen über Indochina herrschte. Ho Chi Minh ließ sich nach seiner Wahl zum Staatspräsidenten neben dem Palast lieber ein einfaches zweistöckiges Holzhaus bauen. Wenige Schritte davon entfernt thront jetzt sein Mausoleum. Es wirkt genauso pompös wie der Palast.

Nicht weit vom Mausoleum entfernt liegt der Westsee. Er ist mit 583 Hektar das größte Wasserbecken Hanois. Rund um den Westsee genießen die Hanoier ein umfangreiches Freizeitangebot. Am Südufer gibt es mehrere Bootsverleihe, bei denen die Bewohner der Hauptstadt an ihren freien Sonntagen Tret- und Ruderboote mieten. Und auch Tennisplätze und ein Schwimmbad gibt es im nahen Sportpalast. An Fotografenständen werden Porträts von Mädchen in Prinzessinnenkleidchen gemacht, Eissalons und Getränkestände bieten Erfrischungen an. Am Südwestufer des Sees befinden sich Restaurants. Hier wird Fisch aus dem See zubereitet, mit großen Mengen von Kräutern gefüllt, wird er gedünstet serviert. Pikante Schnecken, riesige Garnelen in einer Sauce aus Limettensaft, Salz und grob gemahlenem Pfeffer und gedünstete Krabben stehen auf der Speisekarte. Die Schalen werden entweder direkt auf den Boden geworfen und nach Verlassen des Lokals vom Personal mit Besen und Kehrschaufel entsorgt, oder es steht unter dem Tisch eine große Plastikschüssel bereit, in die die Gäste ihre Schalenabfälle werfen. Auch für frisch frittierte Kartoffelchips und Krabbensuppe kommen die Hanoier zum Westsee. Im Herbst und Winter finden sich die Gourmets hingegen im Nordosten des Westsees ein. Entlang der alten Straße zum Flughafen reiht sich ein Delikatessenrestaurant an das andere. Dort wird Hundefleisch serviert. Die gezüchteten Hunde, die in enge Gitterkäfige gepfercht auf dem Gepäckträger von Mopeds unsanft zu ihrem letzten Bestimmungsort transportiert werden, bevorzugen die Hanoier aufgrund ihres wärmenden Fleisches in der kalten Jahreszeit.

Trotz der vielen eleganten und weniger eleganten vietnamesischen oder internationalen Restaurants der Hauptstadt, sind die Suppenküchen konkurrenzlos. Morgens, mittags und abends, bis spät in die Nacht hinein, schöpft die Großmutter dampfende Hühner- oder Rindfleischbrühe in eine Keramikschüssel auf lange Reisnudeln, garniert sie mit Frühlingszwiebeln und serviert sie mit aufgeschnittenen Limetten und herausgebackenen Hefeteigfingern. Der Gast sitzt auf kleinen Plastikschemeln an niedrigen Tischen bei seiner *pho* auf dem Gehsteig und genießt die Nationalsuppe, als gäbe es kein besseres Gericht. Beim Genuss einer *pho* dringt man ein ins Herz Hanois, ins Herz Vietnams. Unter den vielen in Vietnam angebotenen Nudelsuppen soll die *pho Ha Noi* am besten schmecken.

Vielleicht ist das Damenhafte Hanois ein Überbleibsel aus der französischen Kolonialzeit. Nicht nur Baguette und Paté, die am Straßenrand als Schnellimbiss verkauft werden, sondern viele Kunstgalerien und Museen zeugen davon. Ein »europäisches« Lebensgefühl erfährt man auch in den zahlreichen Kaffeehäusern Hanois. Kleine Schwarze, große Braune, Milchkaffees, flaumige Kuchen und Törtchen, Croissants und Crème brulée werden sogar im kleinsten Straßencafé serviert. Dazu gibt es nationale vietnamesisch- und fremdsprachige Tageszeitungen, wie die *Vietnam News*. Die Cafés von Hanoi findet man auf Dachterrassen, in begrünten Gärten und an Straßenecken. Sie sind Treffpunkt von Jung und Alt.

»Hanoi Oi« besingt all das. Die Bäume, die Seen, die fliegenden Händler, die bei Tag und bei Nacht ihre Waren feilbieten. Es erzählt von köstlichen Speisen, den schönen Frauen, den Sehnsüchten der Bewohner Hanois, die aus ihrer Stadt weggezogen sind. Wo immer sie auch hingehen, heißt es im Liedtext, Hanoi tragen sie in ihrem Herzen. Und Hanoi ist Vietnam – das versichern die Einwohner der Hauptstadt überzeugend.

Non la, der Blätterhut

Wie es nach vietnamesischer Tradition üblich ist, wird in gewissen Dörfern ausschließlich ein bestimmtes Produkt hergestellt. Um über eines der bekanntesten Symbole Vietnams, den konischen Blätterhut, mehr zu erfahren, fahre ich daher an einem kühlen verregneten Wintermorgen ins Dorf Chuong, in der nördlichen Provinz Ha Bac. Denn genau so wie es ein eigenes Dorf für die Produktion von Glasnudeln, Seide, Vogelkäfigen oder Lackwaren gibt, stellen alle Familien Chuongs seit jeher lediglich konische Hüte her. Und da in Vietnam außerdem gerne Superlative verwendet werden, sagt man den in Chuong erzeugten Blätterhüten nach, die schönsten des Landes zu sein.

Pham Tran Canh ist der berühmteste Hutmacher im Dorf. Als kleiner Junge hat er von seiner Großmutter die Hutmacherkunst erlernt und sie seither sein ganzes Leben lang ausgeübt. Ich komme unangemeldet in sein Haus – wie es in Vietnam noch immer der Brauch ist, denn Telefone gibt es auf dem Land kaum. Herr Pham geht mit seinem einen Bein barfuß – das andere hat er im Krieg verloren – auf dem eiskalten Betonboden seines Hauses, in dem ein Holzbett steht, ein niedriger aufklappbarer Tisch und Plastikstühle in Kindergröße. Winterfest bekleidet zwänge ich mich in einen Stuhl hinein. Bevor wir unser Gespräch beginnen, trinken wir aus eierbechergroßen Schalen bitteren Grüntee. Erst nach diesem höflichen Empfang erfahre ich die Geschichte des *non la*.

Der Blätterhut spiegelt nach Ansicht der Landesbewohner die vietnamesische Seele wieder. Er versinnbildlicht einerseits die Zartheit der jungen Mädchen, die ihn tragen, durch die geschmeidigen Palmenblätter, die vor ihrer Verarbeitung eine Nacht im Tau liegen müssen, um die notwendige Biegsamkeit zu erhalten. Andererseits verkörpert er den starken Geist der Nation, indem er tapfer der extremen Witterung trotzt, der er tagaus und tagein bei der Arbeit im Freien ausgesetzt ist. In seiner einzigartigen Form gibt es diesen konischen Hut nur in Vietnam. Besonders kostbar scheint ihn jedoch ein Brauch gemacht zu haben: Vor langer Zeit war es üblich, dass ein Mann seiner Liebsten als Zeichen seiner Zuneigung einen *non la* schenkte. Dieses Geschenk hatte umso mehr Bedeutung, da erwartet wurde, dass ihn der Überbringer selbst hergestellt hatte.

Ursprünglich kommt der Hut aus der ehemaligen Kaiserstadt Hue, in Zentralvietnam. Das Grundgerüst des *non la* besteht aus fünfzehn Ringen Bambusrohr, die mit Fischerleine an einem Bambusrahmen befestigt werden. In den Rahmen werden die besten und widerstandsfähigsten Palmenblätter aus der nördlichen Provinz Ha Tinh eingeflochten. In mehreren Schichten werden sie in Handarbeit mit zarten Kreuzstichen auf den Rahmen genäht. Der *non la hue* ist die noble Version des Blätterhutes. Er ist ein Ausgehhut, daher besteht er nur aus zwei Lagen junger Palmenblätter einer speziellen Bambusart. Er ist fragiler und eleganter als sein Bruder im Norden. Wenn man ihn gegen das Licht hält, scheinen chinesische Schriftzeichen durch. Sie ergeben ein Gedicht, das, auf ein Palmenblatt geschrieben, vom Hutmacher zwischen die zwei Blätterschichten eingeflochten wurde.

Fast alle heute in Vietnam käuflichen *Non-La*-Hüte kommen aus Chuong. Dort findet auch jeweils am vierten, zehnten, vierzehnten, zwanzigsten, vierundzwanzigsten und dreißigsten Tag des Lunarmonats ein Markt statt, auf dem sie verkauft werden. Warum der Markt gerade an diesen Tagen stattfindet, weiß heute keiner mehr, das ist eine alte Tradition.

Frauen und Männer tragen den *non la* gleichermaßen. Er ist bei beiden Geschlechtern heute noch genauso beliebt wie schon vor hundert Jahren. Wie ein Schirm sitzt er auf dem Kopf der Träger, er gibt nur einen Blick auf die Haare und die Wangen frei. Da er mit Baumlack imprägniert ist, verteidigt er gegen Sonne und Regen. Zudem dient er manchmal als Korb zum Tragen von Waren, an heißen Tagen als Fächer und sogar als Wasserbehälter.

Der berühmte Hutmacher Herr Pham ist nun schon über neunzig Jahre alt und wollte schon oft mit der Hutmacherei aufhören. Aber die Regierung lasse ihn nicht in Pension gehen. Weil die von ihm gemachten Hüte so kunstvoll sind, wurde er gebeten weiterzuarbeiten. Die Hüte, die Herr Pham noch herstellt, sind für Musiker und Sänger, die sie bei Auftritten tragen. »Und natürlich auch für Touristen«, merkt er an. In seinem Sortiment gibt es flache, radgroße Hüte mit eingestickten Spiegelteilen und langen bunten Quasten, die ihren Ursprung in China oder Thailand haben und vor siebzig Jahren unter den fünfzig getragenen Hutmodellen Vietnams zu finden waren.

Das Symbol für Romantik und für den Alltag in Vietnam ist jedoch der *non la*, er hat sich durchgesetzt gegen die Hüte von außen und sich etabliert wie kein anderer, er überwiegt im Straßenbild. Nur eines ist anders geworden: Früher hat die *Non-La*-Trägerin die Liebeserklärung ihres Schatzes auf dem Kopf getragen, heute macht sie damit Werbung für den Ort seiner Herkunft. Das eingeflochtene Gedicht hat sich der Zeit angepasst. Heute ist es eine Werbebotschaft:

Wer gerne guten Reis und Fisch isst
und einen schönen Hut tragen möchte,
komme ins Dorf Chuong.

Kaiserlich köstlich

Der letzte vietnamesische Nguyen-Kaiser Bao Dai, der 1998 im Pariser Exil gestorben ist, hatte seinen Hof in Hue in Zentralvietnam. Die ehemalige Kaiserstadt war von 1802 bis 1945 das Zentrum für Kultur und Bildung und brachte dreizehn Nguyen-Kaiser hervor. Einem unter ihnen, Kaiser Tu Duc, sagt man nach, dass er in Bezug auf seine Mahlzeiten höchst exzentrisch gewesen sei, und wohl deshalb erlebte die vietnamesische Küche in Hue ihren Höhepunkt. Angeblich sollen dem Herrscher tagtäglich zu den Mahlzeiten fünfzig unterschiedliche Gerichte von fünfzig Dienern gereicht worden sein, die von fünfzig Köchen in so kleinen Portionen wie möglich zubereitet wurden. Diese kaiserlichen Anforderungen machten es notwendig, dass ein Heer von Köchen aus dem gesamten Land unentwegt damit beschäftigt war, neue Rezepte zu sammeln, zu kreieren und zu perfektionieren. Die besten Speisen des Landes wurden dem König präsentiert – nicht zuletzt, um ihn für die unterschiedlichen Provinzen und deren Anliegen zu interessieren.

Heute bietet Hue zwar keine kulinarischen Höhepunkte mehr, es wird aber versucht, das Prinzip der kaiserlichen Speisen in vereinfacht zubereiteten Delikatessen wiederzubeleben. Die Einführung in die vietnamesische Küche erhalte ich von Vy, einer Frau aus Hoi An, vierzig Kilometer südlich von Hue. Von ihr erfahre ich, dass sich die Esskultur des Landes damals wie heute ebenso facettenreich wie seine Landschaft und seine Bewohner gestaltet. Als kleines Kind hat Vy ihre ersten professionellen Kocherfahrungen gemacht. Heute ist sie zweiunddreißig Jahre alt. Sie hat die Statur eines zwölfjährigen Mädchens, wirkt anfänglich kühl und distanziert, fast unfreundlich. Sie lächelt erst, als wir uns das zweite Mal treffen. Immer hinterlässt sie den Eindruck einer tiefen Traurigkeit, eines großen Leidensdruckes, der auf ihr lastet. Strukturiert und fast wissenschaftlich beginnt sie ihre Einführung in die Küche ihres Landes, vom Norden springt sie in den Süden und verweilt in der Mitte, ihrer Heimat. Vy ist aus der Not heraus mit dem Kochlöffel groß geworden.

Als Vietnam 1954 in Nord- und Südvietnam geteilt wurde, hatte Vys Vater – wie auch viele andere Bewohner dieses nunmehr südlichen Landesteiles – für die südvietnamesische Armee gearbeitet. 1975, nach dem Sieg der kommunistischen, nordvietnamesischen Regierung und der Vereinigung des Landes, wurde er in ein Umerziehungslager gebracht. Zwei Jahre später, nach seiner Entlassung, beschloss er beim Anblick seiner fünf unterentwickelten Kinder, ein Restaurant aufzumachen. *Com binh dan* nennt man in Vietnam jene Art von Restaurant, an die Vys Vater dabei gedacht hatte. Übersetzt heißt das: »Reis für einfache Leute«. Diese Art von Restaurant mit bescheidener Infrastruktur bietet verschiedene, meist vorgekochte Hausmannskost an: gebratenen Tofu, Fisch, gebratenes Schweinefleisch, gekochtes Huhn, sautiertes grünes Gemüse, Omelette, saure Suppe und Reis. Die Gäste sitzen auf kleinen Schemeln, die an die Einrichtung eines Kindergartens erinnern. Gruppiert sind sie um niedrige Plastiktische für ebenfalls zarte Staturen. Ein *Com-Binh-Dan*-Essen besteht aus einer Mischung verschieden zubereiteter Gerichte, die in Buffetform auf einem Tisch angerichtet sind. Für eine solche Mahlzeit zahlt man etwa einen Euro, damals, als Vys Eltern mit dem Geschäft begonnen haben, gab man dafür nur dreißig Cent aus. Vys Vater traf seine Entscheidung aus einem einfachen Grund: um seine Kinder zumindest mit Reis und Suppe und den Überresten der Gäste ernähren zu können. Als die Eltern ein Jahrzehnt später beschlossen, das Restaurant aufzugeben war es Vy, die darum bat, die vier Tische, zwölf Sessel, zwei Kochtöpfe, vier Pfannen, ein paar Kohlebrenner und Tontöpfe übernehmen zu dürfen. Ihre Eltern und Schwestern ermunterten sie nicht zu ihrer Entscheidung, denn sie wollten sich aus dem harten Kochgeschäft vollständig zurückziehen. Vy stellte sich aber der Herausforderung. Arbeitserfahrung hatte sie seit ihrer frühen Kindheit schon als Geschirrwäscherin im elterlichen Geschäft gesammelt.

Das Restaurant in der Nähe des Marktes von Hoi An wurde von der Stadtverwaltung um dreihundertfünftausend vietnamesische Dong (etwa zwanzig Euro) vermietet. Es war das Monatseinkommen eines verheirateten Mannes – eine denkbar unerschwingliche Summe für eine alleinstehende Frau. Trotz des hohen Preises entschied Vy, es zu mieten. Anfänglich musste sie die Zutaten für das vorzubereitende Essen am Markt von den Händlern borgen. Da ihre Familie ein gutes Ansehen genoss, überließen sie ihr die Ware, bis sie am Ende des Tages mit ihren Einnahmen die Schulden bezahlen konnte. Sechs Monate später besuchte sie ihre Mutter. Die verdienten eineinhalb Millionen Dong (etwa achtzig Euro) hatte sie in traditioneller Manier in ein Taschentuch gewickelt, mit einem Faden zugebunden und in den Hosenbund gesteckt. »Mutter komm, ich muss dir etwas zeigen.« Sie öffnete das Geldbündel und sagte: »Schau, wie viel Geld ich habe!« Ungläubig zählte diese das Geld nach: »Hast du die Restaurantmiete schon bezahlt? Und wie sieht es mit den Händlern auf dem Markt aus?« Vy bestätigte, dass keine Rechnung offen war. Dieser Tag sei der glücklichste ihres Lebens gewesen, sagt sie.

Anfang der neunziger Jahre kamen vier Ausländer in ihr *com binh dan*, nachdem sie das dargebotene Essen sahen. Damals waren es die zaghaften Anfänge des Tourismus und Vy hatte Angst, da sie weder Englisch verstand noch sprach. Sie bat ihren Vater um Hilfe, der bei seiner ehemaligen Tätigkeit in der südvietnamesischen Armee die Sprache erlernt hatte. Wie sollte sie aber das Essen für die Ausländer zubereiten – dämpfen, grillen oder braten? Ihr Vater sagte schließlich: »Koch es einfach!« Und Vy fragte »Was, wenn sie es nicht essen?« Ihre Befürchtung war unbegründet, denn vor dem Verzehr wurden die Speisen aus allen Winkeln abfotografiert, und ihre Namen geschäftig in Notizbücher geschrieben. Schon am darauf folgenden Tag schrieb Vy ihre angebotenen Speisen in englischer Sprache auf eine Tafel, stellte sie vor das Restaurant und legte den Grundstein für ihr noch heute erfolgreiches Restaurant »The Mermaid«.

Ob ihre Eltern damals stolz auf sie waren? »Nicht stolz«, sagt Vy. Aber glücklich für sie.

Vy wurde von einem israelischen Freund, der an einer wissenschaftlichen Studie über die vietnamesische Esskultur in ihrer Stadt arbeitete, überredet, Kochunterricht zu geben. In ihrer ersten Unterrichtsstunde habe sie nur auf das Schneidebrett geschaut und die Zutaten geschnitten, gehackt und akribisch zerkleinert, aber keine Silbe von sich gegeben. Um ihr ein paar wenige Wörter zu entlocken, fragte ihr Freund manchmal nach dem Namen einer Ingredienz. Vy lässt diese Schüchternheit heute noch erkennen, auch wenn sie in perfektem Englisch den Kochunterricht hält, der viel mehr als nur Kochen, eine Einführung in die Philosophie des Yin und Yang, eine Wiedererzählung der Landesgeschichte, die Darbietung von kulinarischer Kunst und die gekonnte und nachvollziehbare Vermittlung von exotischer und delikater Nahrungszubereitung ist.

Die vietnamesische Gastronomie steht für Harmonie. Vietnam wurde tausend Jahre fremd beherrscht. Jedoch nur die essbaren Einflüsse der fremden Kulturen konnten im Land Fuß fassen, das in allen anderen Dingen seine Eigenständigkeit bewahrte. Bis ins zehnte Jahrhundert wurde der Norden des Landes von den chinesischen Herrschern regiert. Ihre Essgewohnheiten haben besonders stark auf die nordvietnamesische Küche eingewirkt. Geografie und Klima der beiden Länder ähneln einander, es wachsen dieselben landwirtschaftlichen Produkte. Das nordvietnamesische Essen ist eine Balance aus Eiweiß, Stärke und Vitaminen. Es gilt als besonders variantenreich, notwendigerweise ein Essen im Einklang mit den Jahreszeiten. Mit Ausbruch des Zweiten Weltkriegs begannen für Vietnam fast vierzig Jahre Krieg. Das hat die kulinarische Kultur verändert, da die Vietnamesen kaum genug Reis zum Überleben hatten, geschweige denn andere frische Zutaten, finanzielle Mittel und Zeit, um sich der Kultivierung der Essgewohnheiten zu widmen.

In Zentralvietnam etablierte sich im 2. Jahrhundert ein eigenständiger Staat. Er gehörte den hinduistischen, indischstämmigen Champakönigen. Der indische Einfluss existiert in Zentralvietnam noch heute in den angebotenen Curry-Speisen. Die Mitte des Landes war immer eine arme Gegend, mit heißem Klima und schlechtem Boden. Nie gab es genug Nahrungsmittel und die, die es gab, hatten wenig Eigengeschmack. Reis für die Bewohner konnte nicht ausreichend geerntet werden und das Grundnahrungsmittel musste um die Kartoffeln ähnlichen *kassava* und Süßkartoffeln ergänzt werden. Um die Gerichte geschmackvoller und farbiger zu machen, wurde ihnen Chili beigefügt. Zentralvietnam ist der Teil des Landes, wo scharf gegessen wird. Chili wächst dort in den Sorten grün, gelb und rot. Sehr oft gab es nur eine Schale Reis mit Chili-Soße als Mahlzeit. Den Bewohnern wird nachgesagt, dass sie sture, ängstliche und geizige Menschen seien, was wiederum eine Konsequenz ihrer unwirtlichen Lebensumgebung und des permanenten Überlebenskampfes sein mag, wie es die Geschichte einer zehnköpfigen Familie erzählt.

Eines Tages traf sich der Vater mit Freunden zum Schach spielen. Als es Abendessenszeit war, holte ihn sein jüngster Sohn ab: »Vater komm heim, die Kartoffeln sind fertig«. Dem Vater war es vor seinen Freunden sehr peinlich, dass es bei ihm zu Hause nicht Reis sondern nur die Armenspeise Kartoffeln gab. Er schalt seinen Sohn auf dem Heimweg und trug ihm auf, das nächste Mal zu sagen, der Reis sei fertig. Der Bub hatte keine Ahnung wie Reis aussah, tat jedoch das nächste Mal wie ihm geheißen wurde: »Vater komm nach Hause der Reis ist fertig.« Als der Vater keine Anstalten machte, heim zu gehen und der Junge schon fürchterlich hungrig war, sagte er »Beeil dich Vater, sonst nimmt der Bruder die großen!«

Der Süden hingegen war immer fruchtbar und brachte auch mit wenig Anstrengung viele Nahrungsmittel hervor. Das Leben dort war einfacher, die Menschen waren sorgloser und experimentierfreudiger. Gemüse, tropisches Obst, Reis aus der Reiskammer im Mekong-Delta, Fisch und Meeresfrüchte waren im Übermaß vorhanden. Südvietnamesen sagen, dass ein Essen ohne Soßen kein richtiges Essen sei. Diese Aussage begründeten höchstwahrscheinlich die Khmer-Völker, die in diesem Gebiet siedelten und mit Salz Nahrungsmittel haltbar machten und damit die vietnamesische Esskultur beeinflussten. Daher stammt die für den europäischen Gaumen zu intensiv riechende und schmeckende pink-lilafarbene Krabbensoße, die Reis- und Gemüsespeisen um viele Nuancen bereichert. Die Bewohner des Südens schätzen sie, während die des Nordens oftmals darüber die Nase rümpfen. Die Fischsoße *nuoc mam* dagegen ist Grundingredienz jeder vietnamesischen Speise. Die Kalziumspender Fisch, Oktopus, Krabben, Muscheln, Seetang und andere Produkte der Wasserwelt werden getrocknet. Die Früchte werden als Sirup konserviert. Palmzucker ist ein anderes spezielles Element der südlichen Speisen. Er verzaubert so manchen Genießer mit Speisen wie karamelisierter Fisch im Tontopf, die so zubereitet sind, um länger haltbar zu bleiben. Süß soll im Süden deshalb abgeschmeckt werden, um den Energiespeicher der per Hand arbeitenden Menschen aufzuladen.

Anfang des 19. Jahrhunderts, mit dem Beginn der französischen Kolonialherrschaft, zogen Komponenten der französischen Küche in die höheren

Gesellschaftsschichten Vietnams ein. Gerichte wie Omelettes, Patisserie und Crème caramel wurden bekannt. Als Fertigprodukte sind sie im ganzen Land beliebt geworden und werden an hölzernen Verkaufsbuden auch in kleinen entlegenen Dörfern angeboten: gefüllte Baguette mit Pastete, lokal produzierte Wurst oder sogar der Streichkäse »La vache qui rit«.

Essen hat in Vietnam einen besonderen Stellenwert; denn vor zehn Jahren hat es noch nicht für alle Landesbewohner genug davon gegeben. Heute gibt es ein breites Angebot an Lokalen, Cafés, Garküchen bis hin zu gehobenen Restaurants. Wie wichtig Essen in Vietnam tatsächlich ist, veranschaulicht Vy in den zahlreichen unterschiedlichen Ausdrücken, die es dafür gibt: Auf einer Party essen und Spaß haben heißt »an choi«, bei »an uong« ist Trinken wichtiger, doch ein kleiner Imbiss fehlt dabei nie. Während »an tiec« ein formales Essen beschreibt, wird nach »an nam« Liebe gemacht, gemeint ist der Besuch eines Bordells.

Vy hat es mit Essen weit gebracht. Heute besitzt sie mehrere Restaurants, ein Hotel und eine Kochschule. Im Ausland ist sie als kulinarische Repräsentantin ihrer Heimat auf internationalen Tourismusmessen vertreten. Vys Erfolgsrezept klingt einfach:

Glück kommt nicht von allein, man muss hart dafür arbeiten.

Krieg
Onkel Ho

Khong co gi quy hon doc lap tu do.
Nichts ist wertvoller als Unabhängigkeit und Freiheit.

HO CHI MINH

Ho Chi Minh wird am 19. Mai 1890 als Nguyen Sinh Cung im Dorf Kim Lien in Annam, Zentralvietnam, geboren. Nach altem vietnamesischem Brauch erhält er an seinem zehnten Geburtstag einen neuen Namen – Nguyen Tat Thanh – Nguyen, der erfolgreich sein wird. Im Laufe der kommenden Jahre verwendet der Mann viele Pseudonyme, bevor er als Ho Chi Minh in die Geschichte Vietnams eingeht. Ho Chi Minh ist Begründer der vietnamesischen Kommunisten. Er ist die Hauptantriebskraft im Kampf gegen die französische Kolonialregierung in Indochina, Präsident der unabhängigen Volksrepublik Vietnam, Mythos, Nationalheld und bis heute Vater der Nation.

Nach seiner Schulausbildung arbeitete der junge Ho kurze Zeit als Lehrer, bevor er 1911 als Küchenhilfe auf einem französischen Dampfer von Saigon nach Marseille anheuerte. Um möglichst viel über politische Strukturen in anderen Ländern zu erfahren, folgten seine Wander- und Lehrjahre als gewöhnlicher Arbeiter. Sie führten ihn nach England, in die USA und nach Frankreich. Nach Ende des Ersten Weltkriegs zog er 1919 nach Paris, wo er unter dem Namen Nguyen Ai Quoc lebte – Nguyen, der das Vaterland liebt.

Nach dreißig Jahren Exil mit Stationen in Paris,

Ausbildungsaufenthalten bei der KOMINTERN in der Sowjetunion und im Gefängnis in China betritt er 1941 das erste Mal wieder sein Heimatland. Er organisiert die kommunistisch dominierte Unabhängigkeitsbewegung Viet Minh, offiziell unter dem Namen »Viet Nam Doc Lap Dong Minh Hoi« bekannt. In der Nähe der chinesischen Grenze wird eine Befreiungszone gebildet. In jenem Gebiet formieren die Viet Minh die unzufriedenen städtischen Nationalisten und ländlichen Armen in eine Bewegung zur Befreiung Vietnams. Abermals wird Ho während einer Zusammenkunft mit Vertretern der Kommunistischen Partei Chinas festgenommen und zwei Jahre lang inhaftiert. Dann, 1944, kehrt Ho mit einer Guerillabewegung, bestehend aus achtzehn in China trainierten und bewaffneten Männern, nach Vietnam zurück. Ein Jahr später übernehmen die Viet Minh die Macht.

Am 2. September 1945 verliest Ho Chi Minh die Unabhängigkeitserklärung der Demokratischen Republik Vietnam (DRV). Sie basiert auf der Unabhängigkeitserklärung der Vereinigten Staaten und der Erklärung der französischen Revolution. Ho Chi Minh – nun unter seinem letzten und berühmtesten Namen bekannt – Ho, mit dem starken Willen – wird Außenminister und Staatspräsident und bleibt bis zu seinem Tode im Jahre 1969 im Amt.

Der Regierungsweg des ersten Präsidenten des unabhängigen Vietnam ist steinig. Die Franzosen anerkennen die verkündete Unabhängigkeit ihrer kolonialen Untergebenen nicht. Auch die nationalistischen Gruppen in Vietnam sind gegen die Vorherrschaft der KPI in der provisorischen Regierung. Ho einigt sich auf eine Koalition mit den Nationalisten und stimmt einer Wahl im Jänner 1946 zu. Im Süden Vietnams übernehmen währenddessen die Franzosen wieder die Kontrolle und drohen mit der Ausweitung ihrer Einflusszone bis in den Norden. Ho lässt sich auf einen Kompromiss ein: die Franzosen anerkennen die DRV als freien Staat und stimmen einer freien Wahl in Südvietnam unter der Voraussetzung zu, dass ihnen eine »kleine« militärische Präsenz im Norden erlaubt wird und die DRV einer französischen Union beitritt. Doch bald schwillt die kleine französische Militäranwesenheit zu einer fünfzehntausend Mann starken Truppe an. Der Konflikt eskaliert abermals, als im November, nach Zusammenstößen zwischen vietnamesischen und französischen Soldaten, ein französischer Dampfer das Feuer auf den Hafen von Haiphong eröffnet. Etwa sechstausend Vietnamesen werden dabei getötet und die Viet Minh zur Niederlegung ihrer Waffen und zur Aufgabe ihrer Macht aufgefordert.

Die Viet Minh antworten mit einem Gegenangriff: Der erste Indochina-Krieg beginnt. Es ist der 19. Dezember 1946. Ein Jahr danach haben die Franzosen beinahe die gesamte DRV zurückerobert und ihre Position im Süden gestärkt. Aber auch die zweihundertfünfzigtausend Mann starke Viet-Minh-Truppe sammelt sich und gewinnt langsam Territorium zurück. Schließlich zwingen die Viet Minh die Franzosen an den Verhandlungstisch zurück mit dem Resultat, dass ihnen als verbündeter Staat über beide Landesteile uneingeschränkte Unabhängigkeit innerhalb der französischen Union zuerkannt wird. Dennoch bleiben die unterschwelligen Konflikte bestehen.

1949 etabliert sich die von Frankreich gesponserte und von der amerikanischen Regierung anerkannte Republik Südvietnam. Die USA senden Militärberater, um die Südvietnamesen mit US-Waffen vertraut zu machen. Im Gegenzug unterstützen

China und die Sowjetunion die Viet Minh im Norden mit Waffen und Munition. Acht Jahre lang kämpfen die Viet Minh gegen die französischen Truppen in den Bergen und Reisfeldern ihren Guerillakrieg. Die strategische Dschungelfestung Dien Bien Phu im Nordwesten des Landes, nahe der laotischen Grenze, gilt als uneinnehmbar. Hier haben sich die französischen Truppen verschanzt. Doch den Viet Minh unter General Giap gelingt es in einer fünfundfünfzigtägigen Schlacht, die Festung einzunehmen. Am 7. Mai 1954 kapitulieren schließlich die französischen Streitkräfte.

Wieder lässt sich die DRV auf einen Kompromiss bei der Genfer Friedenskonferenz ein. Diesmal sind es Moskau und Peking, die zu einem Waffenstillstandsabkommen zwischen Frankreich und Vietnam raten, das von den Weltmächten abgesegnet wird. Vietnam wird am siebzehnten Breitengrad in Nord- und Südvietnam geteilt. Die Streitkräfte werden an beiden Seiten der Demarkationslinie umgruppiert. Die Schlusserklärung der Friedenskonferenz hält fest, dass die entmilitarisierte Grenze keine politische oder territoriale Grenze darstelle, sondern lediglich eine provisorische militärische Demarkationslinie.

Ho Chi Minh bleibt Präsident der nördlichen DRV, während die USA das südvietnamesische katholische Diem-Regime etablieren und sich demonstrativ weigern, die Schlussakte der Genfer Konferenz zu unterzeichnen, sie nur »zur Kenntnis nehmen«. Die Franzosen haben sich unterdessen komplett aus dem Land zurückgezogen.

Als Ho in den sechziger Jahren erkrankt, beschränkt sich seine Rolle nur mehr auf eine zeremonielle, die Politik wird inzwischen von anderen gemacht. Ho Chi Minh stirbt am 3. September 1969, ohne die Wiedervereinigung Vietnams mitzuerleben. Dies geschieht erst sechs Jahre später, als das südvietnamesische Regime fällt und die Amerikaner das Land fluchtartig verlassen. Die ehemalige südvietnamesische Hauptstadt Saigon wird zu Ehren des ersten Präsidenten des unabhängigen Vietnam in Thanh Pho Ho Chi Minh umbenannt.

Ho Chi Minh ist allgegenwärtig in Vietnam. Was Ho Chi Minh für die Nordvietnamesen darstellt, erzählt Tuyen, der Neffe des ersten stellvertretenden Ministerpräsidenten der Demokratischen Republik Vietnam, Le Thanh Nghi. Für die Nordvietnamesen war Ho nicht nur der Begründer der kommunistischen Partei Vietnams, sondern die Seele der Revolution und des Kampfes für einen selbstbestimmten unabhängigen Staat. Er war für sie Identifikationsfigur, von der kein Schrecken ausging, nur Entschlossenheit. Die ältere Generation der Nordvietnamesen schätzt noch heute Hos persönliche Qualitäten: seine Einfachheit, seine Rechtschaffenheit, seine Willensstärke, und dass er Teil der einfachen Bevölkerung blieb, sich zu ihnen auf den Boden setzte und ihre Probleme anhörte. Voller Wertschätzung nennen sie ihn »Bac Ho«, Onkel Ho. Für sie ist er Symbol der Wiedervereinigung ihres Heimatlandes und der Befreiung aus der Sklaverei. Er ist ihr Vater, der es erreicht hat, dass sie heute einen besseren Lebensstandard, genug zu Essen und Zugang zu Bildung haben. Tuyen selbst hat ihn noch erlebt, als er zehn Jahre alt war und Onkel Ho bei einer Kundgebung in Hanoi zu den Kindern gesprochen und an sie Bonbons verteilt hat. Damals war für Tuyen freilich das Bonbon interessanter als die Rede des alten Onkels.

Ho besaß nur wenige persönliche Dinge und

trug sogar bei Staatsempfängen seinen einfachen weißen Baumwollanzug und Gummisandalen.

Für die Südvietnamesen ist Ho Chi Minh ein Nationalist. Sie nehmen ihm übel, dass er sie mit einem totalitären Regime zwangsbeglückt hat. Die Lebenssituation für die Bewohner des reichen Landesteiles hat sich dadurch drastisch verschlechtert.

Ho Chi Minh ist von Mythen umwoben und ein Volksheld, um den sich auch Gerüchte ranken. Jahrzehntelang wurde Hos Zölibat hochgelobt. Plötzlich wurde das Gerücht laut, der gegenwärtige Generalsekretär der kommunistischen Partei, Le Kha Phieu, sei Ho Chi Minhs unehelicher Sohn. Dementiert oder bestätigt hat den Vorwurf niemand. Von einem ausländischen Journalisten diesbezüglich befragt, antwortete Le Kha Phieu, dass jeder Vietnamese Ho Chi Minhs Sohn sei. Tuyen, dem das angesprochene Thema unangenehm ist, meint, dass er nicht über genug Information dazu verfüge. Ähnlich sähe der Generalsekretär Ho Chi Minh allerdings schon. Und genauso charismatisch sei er auch. Außerdem erzähle man sich seit Entstehen des Gerüchtes den folgenden Witz:

»Als Onkel Ho bei einer Konferenz in Paris von einem Journalisten gefragt wurde, wie er sich denn in den langen kalten Winterabenden in Frankreich gewärmt habe, antwortete Ho: ›Mit einem heißen Ziegel im Bett.‹ Daraufhin hob eine Frau in der umstehenden Menge ihre Hand und rief: ›Der Ziegel bin ich!‹«

Vor nicht allzu langer Zeit wäre ein Vietnamese für das Erzählen dieses Witzes strengstens bestraft worden. Mittlerweile wird über die Führungsriege gewitzelt, freilich nur gegenüber einer gut bekannten Person, und dann noch immer mit einem achtsamen Blick über die Schulter.

Ein vietnamesisches Sprichwort lautet, dass ein Fluss auf seiner Reise ins Meer viel Schlamm und viel Schmutz mitnimmt. Zurück kann er nicht fließen, genauso wie Geschichte nicht ungeschehen gemacht werden kann. Die Vietnamesen trauen sich heute zu sagen, dass im Laufe der letzten dreißig Jahre Fehler gemacht worden seien. »Aber was nützt es, zu kritisieren? Wichtig ist es, aus der Geschichte zu lernen. Es ergibt keinen Sinn, nun endlos darüber zu diskutieren. Das Geschehene kann nicht ungeschehen gemacht werden, die Vietnamesen müssen vorausschauen und ihren Weg gehen«, sagt Tuyen.

An dem Platz in Hanoi, wo Ho Chi Minh am 2. September 1945 feierlich die Demokratische Republik Vietnam ausrief, steht jetzt sein Mausoleum. Die einfache Begräbnisstätte, die er sich gewünscht hatte, blieb im verwehrt. Zur Aufrechterhaltung des Heldenmythos um den Befreier Vietnams, wird Ho Chi Minhs einbalsamierter Leichnam in seiner monumentalen Grabstätte täglich einer langen Menschenschlange überlassen. Manche Menschen pilgern aus entlegenen Provinzen in die Hauptstadt und besuchen Onkel Hos Begräbnisstätte tatsächlich, um ihm die letzte Ehre zu erweisen. Schüler und Angestellte staatlicher Betriebe erfüllen damit eine alljährliche Pflicht. Begleitet von der weiß uniformierten, grimmig blickenden Ehrengarde schreiten sie alle am Glassarkophag vorbei; es ist ein zügiges Vorbeidefilieren am wächsern schimmernden Vater der Nation. Donnerstag ist sein freier Tag, und einmal jährlich reist Onkel Ho nach Russland, wo er einer Sanierung unterzogen wird. »Ho, Ho, Ho Chi Minh« – damit der Refrain, mit dem auf der ganzen Welt nicht nur gegen den Vietnamkrieg demonstriert wurde, nicht vergessen wird.

Die Mädchen von Ngu Thuy

Die Landschaft ist surreal, von trauriger Pracht und wilder Schönheit. Dreißig Kilometer weißer Sand, wie ein unberührtes Schneefeld in Zentralvietnam, in sengender Hitze. Die Luft zittert. Sanddünen erheben sich zu kleinen Bergen. Verkrüppelte Kiefern strecken ihre knochigen Äste zum Himmel, durstige Kakteen warten auf die kommende Regenzeit. Die vorbeigleitenden Wolken werfen Schatten auf den Sand. Es ist still, kein Mensch ist zu sehen in dieser weißen Leere ohne Wege. Nur das sanfte Knirschen der eigenen Schritte erinnert daran, dass man nicht in eine Novelle Vargos Llosas verstrickt ist. Ab und zu schreckt ein Vogel auf, eine farbenprächtige Eidechse flüchtet ins Gestrüpp. Vielleicht hätte von der Existenz dieses Dorfes nie jemand erfahren, hätten dort nicht siebenunddreißig Partisanen-Mädchen gelebt.

Ngo Thi Sam war sechzehn Jahre alt, als sie im Jahr 1967 einer nordvietnamesischen Freischärlergruppe zur Verteidigung ihres Vaterlandes als Späherin beigetreten ist. In ihrem Dorf wohnten damals siebentausend Menschen, die sich ihr Leben durch den Fischfang verdienten. Als im August 1964 die amerikanischen Truppen den Norden Vietnams heftig zu bombardieren begannen, waren in Ngu Thuy lediglich Kinder, Alte und Frauen zurückgeblieben. Alle Männer waren in den Krieg gezogen. Gemeinsam mit sechsunddreißig anderen Mädchen im Alter zwischen sechzehn und vierundzwanzig Jahren, erhielt Ngo Thi Sam von den im

Gebiet stationierten Soldaten eine dreimonatige Militärausbildung in Verteidigungstechnik. Die weiblichen Guerilleros lernten schnell und wurden bald damit betraut, ihr Dorf und den Ho-Chi-Minh-Pfad gegen die dreihundert Kriegsschiffe zählende amerikanische Flotte zu verteidigen. Vier Kanonen hatten sie dazu.

Warum war gerade dieses kleine Fischerdorf, in dem es außer Sand nur einige Holzhütten gibt, das weder eine Straße noch Elektrizität besitzt, so heftig umkämpft? Der eintausend Kilometer lange Ho-Chi-Minh-Pfad begann hier, in der Provinz Quang Binh am siebzehnten Breitengrad, der künstlichen Trennungslinie zwischen Nord- und Südvietnam. Jede Nacht bewegten sich zweitausend Lastwagen vom Norden in den Süden. Auf dieser Straße kam der Nachschub von Soldaten aus dem Norden, von hier wurden Nahrungsmittel, Medizin und Waffen geliefert und hier wurden die Autos umgeladen. An diesem Ort war die Demarkationslinie, die nach dem dafür verantwortlichen amerikanischen General »McNamara-Zaun« benannt war. Sie war hermetisch abgeriegelt, mit Minen bespickt und mit einem elektrischen Zaun umwunden. Der General sagte über sie: »Nicht einmal eine Ratte kann diese Stelle passieren!« Im Westen stößt das Land an den Nachbarn Laos, im Osten ist es vom Meer und dem fünfunddreißig Kilometer langen Bezirk Le Thuy begrenzt, vor dem die amerikanischen Kriegsschiffe lagen. Die nordvietnamesischen Verteidiger umgingen die McNamara-Linie über die Berge von Laos. Vietnam ist an dieser Stelle gerade fünfzig Kilometer breit. Die Feinde konnten mit ihren Kanonen vom Meer aus fünfundvierzig Kilometer weit feuern. Weit genug also, um die Versorgungslinie der nordvietnamesischen Truppen zu gefährden und zu zerstören. Der Bezirk Le Thuy, zu dem die Dörfer Ngu Thuy, Ngu Hoa und Ngu Hai gehören, benötigte Widerstandskämpfer an der Frontlinie. Im Bezirk gab es mehrere Kanonen, vier davon waren in der Obhut der Mädchen von Ngu Thuy. Jede der Kanonen wurde von einem Team von fünf Guerilleros bedient. Ihre Aufgabe war es, die amerikanischen Kriegsschiffe so weit ins Meer hinauszudrängen, dass diese mit ihren Geschützen nicht mehr den Ho-Chi-Minh-Pfad erreichen konnten. Verteidigt wurde während der Nacht. Die Späherinnen beobachteten vierundzwanzig Stunden lang die Bewegungen der amerikanischen Schiffe. Andere berechneten die Geschwindigkeit, mit der sich die Kriegsflotte bewegte, und deren Entfernung. Aufgrund der metergenauen Kalkulationen positionierten die Partisaninnen ihre Geschütze, die sie in der Dunkelheit mit Hilfe von Geländewagen beförderten. Ngu Thuy kennt keinen festen Boden, es ist ganz und gar auf Sand gebaut. Um diesen befahrbar zu machen, mussten Bäume und Sträucher abgeholzt werden, die eine Unterlage für die Autos bildeten.

1968 begannen die heftigsten Kämpfe. Ein Gegenangriff der Mädchen dauerte jeweils sieben Minuten, während derer sie mit ihren Kanonen von achtzehn Kilometern Reichweite auf die amerikanischen Schiffe feuerten. Alle Teams standen in Funkkontakt miteinander. Nach jedem nächtlichen Angriff mussten die Bäume wieder verschwinden, die Kanonen gut getarnt in Sicherheit gebracht werden. Fünf Jahre lang hat die weibliche Artillerie von Ngu Thuy den Ho-Chi-Minh-Pfad verteidigt und den Amerikanern große Schäden zugefügt, sie zum Rückzug in die territorialen Gewässer Vietnams gezwungen. Durch ihre Attacken wurden vier Kriegsschiffe versenkt. Während des gesamten Vietnamkrieges war sie die einzige Frauengruppe, die ihr Vaterland an der Frontlinie durch direkten Kampf verteidigt hat.

Heute ist Frieden. Die Frauen haben ihr Kampfziel erreicht: die Unabhängigkeit ihres Landes. In ihrem Leben hat sich jedoch seit dem Krieg nicht viel geändert. Sie scheinen vom eigenen Volk vergessen worden zu sein. Die Partisaninnen, von denen sechsunddreißig noch leben, treffen sich jedes Jahr am Tag der Gründung der nationalen Befreiungsarmee, am 22. Dezember und am Unabhängigkeitstag Vietnams, am 2. September. Dies tun sie im Haus von Ngo Thi Thoi. Es liegt im nördlichen Eck des Dorfes und ist eines der wenigen, das sogar betonierte Wände und einen betonierten Vorplatz hat, vor dem ein kleiner Opfertisch mit Gaben für unbekannte Seelen steht. Einige Frauen sind mit ihren Männern gekommen, die meisten sind jedoch alleine in aller Frühe aus den anderen Dörfern anmarschiert. Die drei Wohnräume füllen sich an diesen Tagen mit Menschen. Sie sitzen auf am Boden ausgebreiteten Strohmatten und bedienen sich von runden Aluminiumtabletts, auf denen köstliche Fischspeisen und Meeresfrüchte bereitstehen. Die Hitze, das schwerfällige Gehen im Sand macht müde. Trotzdem erzählen die Frauen aus ihrem Leben:

Ngo Thi Thoi war im Krieg in der Einheit der Rechnerinnen. Sie ist eine schmale Frau, mit sonnenverbrannter Haut, blau schimmernden langen Haaren und strahlenden, klugen Augen. Ihre Stimme ist stark. Die Fünfzigjährige hat als Einzige der Widerstandskämpferinnen eine abgeschlossene Schulausbildung. Sie war damit betraut, die Entfernungen der Schiffe vom Land – den Kanonen also – und die Geschwindigkeit, in der sie sich bewegten, auszurechnen. Per Funk wurden die Berechnungen an jene Frauen weitergegeben, die die Kanonenrohre einzustellen hatten. Von ihren Berechnungen hing die Treffsicherheit ab.

Heute geht Ngo Thi Thoi jeden Morgen um vier Uhr Früh zum nahen Strand, um ihrem Mann zu helfen, die während der Nacht gefangenen Fische und Meerestiere zu sortieren. Viel verdient ihre Familie nicht. Die Fische, die mit den selbst gezimmerten Booten und den kleinen Fischernetzen gefangen werden können, sind nicht groß. Nur fünfzig Kilometer weit können die Boote ins Meer hinausfahren. Der Fang muss umgehend zum Markt gebracht werden. Ohne Elektrizität kann kein Eis produziert werden, um die Fische kühl zu lagern. Ohne Straße, ohne Verkehrsmittel bleibt nur die menschliche Kraft. Ngo Thi Thoi füllt den Ertrag einer Nacht in zwei Körbe, die sie an den Enden eines Bambusstabes befestigt. Die bis zu fünfzig Kilogramm schwere Last trägt sie auf ihren Schultern über die Sanddünen zum nächstgelegenen Markt an der Hauptstraße. Dieser ist acht Kilometer weit entfernt.

Anders ist es bei Ngo Thi Tan. Die Vierundfünfzigjährige bewohnt alleine ihre Holzhütte mit Palmenblätterdach, durch die der Wind den Sand in den einzigen Wohnraum bläst. Der Eingang der Hütte ist ein Reisstrohverschlag, der nur in der Nacht geschlossen wird. Am Tag werden die Holzpfosten, auf denen die Reisstrohbündel befestigt sind, in den Boden gesteckt und bilden so einen verandenartigen Sonnenschutz vor dem Wohnraum. Am Sandboden im Innenraum liegen einige Bretter, auf denen Ngo Thi Tans Pritsche steht. Während des Krieges arbeitete sie in der Einheit der Funkerinnen und stand in permanenter Verbindung mit den Rechnerinnen und den Geschossschützen. Sie leitete die ermittelten Berechnungen zur Kanoneneinstellung weiter. Zwei Kinder hat sie geboren, von denen eines gestorben ist. Ihr Mann ist nicht aus dem Krieg zurückgekehrt. Groß ist ihr Besitz nicht. Er besteht aus einem Fahrrad, einem Kamm, einer Zahnbürste und einigen Kochtöpfen. Von der Regierung bekommt sie jeden Monat umgerechnet einen Euro und fünfzig Cent Unterstützung. Damit kauft sie die Zutaten, aus denen sie einmal wöchentlich in der kleinen Küche neben ihrem Haus auf offenem Feuer sieben Liter Reisschnaps zubereitet. Diesen verkauft sie um drei Cent je Liter. Es reicht zum Überleben. Außerdem füttert sie noch ein Schwein. Traurig bemerkt sie: »Leider kann ich mir von meiner Heldenmedaille kein Essen kaufen.« So wie ihr geht es vielen ehemaligen Soldatinnen und Soldaten des »amerikanischen Krieges«, wie man ihn in hier nennt.

Im Schein einer kleinen Petroleumlampe sitzen wir am Boden, trinken Tee und essen getrockneten Tintenfisch im Haus von Ngo Thi Sam. Sie ist noch immer eine schöne Frau. Mit ihrem Mann hat sie neun Kinder aufgezogen. Ihre fünfzehnjährige Tochter Tuyet erscheint mir wie ein Kind. Sie begleitet mich spätabends zum Strand. Mit bloßen Füßen läuft sie zielstrebig durch die heiße Nacht, vorbei an dürrem Gebüsch und schwarzen Hütten, bis wir die klatschenden Wellen vor uns hören. Es ist still. Wir setzen uns in den Sand und lassen uns vom schwachen Licht der Sterne und vom Mondschein liebkosen. Tuyet ist ein Jahr jünger als ihre Mutter war, als sie den Feind beschoss. Sechs Jahre lang hat das Mädchen die Schule besucht und vor zwei Jahren beendet, um der Familie zu helfen. Sie liest gerne. Am meisten liebt sie aber die Nacht, wenn es kühl und ruhig wird, wenn sie mit den Geschwistern und Freunden Lieder singt und sich nach harter Arbeit ausruhen kann. Plötzlich – Stimmen in der Dunkelheit. Es sind die Kinder, die an den Strand kommen, um dort zu schlafen. Manchmal nimmt auch Tuyet ihre Strohmatte und lässt sich von den Wellen in den Schlaf wiegen, denn am Strand ist es kühler als im Haus. Doch heute Nacht teilen wir uns ihre Schlafstatt. Es ist ein hartes Holzbett, auf dem eine dünne Strohmatte liegt. Sie überlässt mir ihr mit Bohnen gefülltes Kopfkissen. Das glaslose Fenster steht weit offen. Ich schaue zum Himmel und lasse mich von den Geräuschen der geheimnisvollen Insekten und Nachttiere in den Schlaf begleiten. Um vier Uhr früh werde ich von meiner kleinen Freundin geweckt. Wieder gehen wir zum Strand. Dort sind bereits die Fischerboote eingetroffen. Tuyet, wie die anderen Töchter, Ehefrauen und Schwestern, schultert den Fang von Vater und Bruder und trägt ihn auf der schwingenden Bambusstange mit federnden Schritten zum Markt.

Gemeinsam mit der Mutter von Tuyet, Ngo Thi Sam, war auch Ngo Thi Phuong in dem Fünferteam der Kanonenschützinnen. Sie war die jüngste der Widerstandskämpferinnen. Als Nummer eins war sie für die Grad- und Richtungseinstellung des Geschützes zuständig. Sie ist mit über vierzig Jahren noch ledig. Einer Vietnamesin, die bis zum fünfundzwanzigsten Lebensjahr nicht verheiratet ist, sagt man nach, dass sie hässlich, dumm oder verrückt sei, aber auf Ngo Thi Phuong trifft das nicht zu. Die zweitausend Bewohner, die heute in Ngu Thuy leben, haben entgegen der Konventionen dazu ihre eigene Moralvorstellung. Phuong wollte Mutter werden, doch nicht heiraten. Die Dorfgemeinde sagte ihr Unterstützung zu und nahm sie nach der Geburt ihrer ledigen Tochter wieder liebevoll in die Gemeinde auf. Die Frage nach dem Kindsvater wurde nie thematisiert.

Über die Partisaninnen von Ngu Thuy wurde in mehreren vietnamesischen Büchern berichtet, es gibt Filme über sie, und im Armeemuseum in Hanoi ist ein Foto von ihnen ausgestellt. Sie sind berühmt im eigenen Land. Das gesamte Dorf hat aktiv gegen den amerikanischen Aggressor gekämpft. Ein Drittel der Männer ist im Krieg gefallen. Wie stehen sie heute dazu? Wenige Kilometer von ihrem Dorf entfernt, erkennen sie die fortschreitende wirtschaftliche Entwicklung, die an ihnen vorübergeht. Sie sehen, dass die Bezirksvorstände teure importierte Autos fahren und in neuen mehrstöckigen Häusern wohnen, sich aber um die elementaren Belange der anderen nicht kümmern. Der Bau einer Straße in ihr Dorf und die Versorgung mit elektrischem Strom würde ihren Alltag immens erleichtern. Nicht nur das, es würde auch weniger kosten als das Auto eines Regierungsbeamten in der Region. Die harte Zeit während des Krieges, die vielen Verluste daraus bedauern die Bewohner von Ngu Thuy nicht. Zutiefst enttäuscht und verbittert sind sie jedoch über ihre Regierung, von der sie sich im Stich gelassen fühlen.

Niemand weiß, wann und wie Ngu Thuy entstanden ist. Vielleicht ist vor langer Zeit ein Liebespaar in diese unwirtliche Gegend geflüchtet, dessen Beziehung im eigenen Dorf nicht geduldet wurde. Vielleicht haben sich diese Liebenden eine Hütte gebaut und dort Kinder gezeugt, vom Meer ernährt und ein hartes, aber freies Leben geführt. Ngu Thuy ist ein einzigartiger Platz. Was diesen wieder friedlichen Ort so besonders macht, sind die herzlichen Menschen, die dort leben, zueinander stehen und einander unterstützen. Ihre Häuser sind zu jeder Tages- und Nachtzeit offen. Weder Fenster noch Türen werden verriegelt, Diebstahl kennt man hier nicht. Ich frage die Frauen, warum sie sich diesen harten Lebensraum zum Heim gewählt haben? Lächelnd antworten sie, dass ihre Eltern hier geboren seien.

Zensierte Geschichte

Ich und Sie und viele andere auch, wir haben für ein Ideal gestritten. Doch das waren unsere Ideen, die wir mit siebzehn hatten. Mit mehr als fünfzig Jahren sind das nur noch entfernte Erinnerungen. Dieses Ideal war einfach eine Oblate, die an die Jugend verteilt worden war. Egal ob man will, dass jemand das Priestergewand anzieht, die Soldatenuniform oder die Uniform der Polizei, man braucht immer nur die richtigen Worte.

DUONG THU HUONG,
Roman ohne Namen

Vielleicht liegt die Ursache der Angst vor Duong Thu Huongs Schreibfeder in der vietnamesischen Geschichte. In Vietnam galt als ehrlich, wer gebildet war. Die Gebildeten beherrschten die chinesische Schriftsprache, die im siebzehnten Jahrhundert von portugiesischen Missionaren, mit Hilfe des lateinischen Alphabetes, phonetisch transkribiert wurde. Sie sollte der rascheren Missionierung dienen. Dasselbe Ziel, jedoch erst viel später, verfolgten die Kommunisten, als im Jahre 1945 die »Quoc Ngu«-Schrift die Nationalschrift Vietnams wurde. Sie sollte die Alphabetisierung im Lande erleichtern. Vom Gebildeten erwartete man sich in Vietnam ein Engagement für die Gesellschaft, dabei verschwammen die Grenzen zwischen Literatur und Politik. Dichter und Schriftsteller genießen nach wie vor hohes Ansehen in der Bevölkerung. Aus demselben Grund fürchten sich die Mächtigen vor ihnen. Die Dissidentin Duong Thu Huong vertritt eine andere

Meinung, als die vom Regime erlaubte. Sie nimmt sich das Recht, ihre tiefen, persönlichen Gefühle der Trauer, der Verbitterung und der Wut über die korrupte kommunistische Obrigkeit in ausdrucksstarken, wortgewaltigen Büchern niederzuschreiben. Sie sagt, was die meisten Vietnamesen kaum zu denken wagen. Das Regime versucht seit Jahren Duong Thu Huong zum Schweigen zu bringen. Noch ist es nicht gelungen. Duong Thu Huong sagt, was sie will. Sie fordert Demokratie, Freiheit und Menschenrechte für Vietnam. Sie fordert die Regierung auf, dem Volk die Fesseln zu lösen. Das Volk wird mit dem Mythos Krieg und der Perversion des Heldentums, den vielen toten Helden, genährt. Doch die junge Generation Vietnams interessiert der Krieg nicht mehr.

Duong Thu Huong wurde 1947 in der nordvietnamesischen Provinz Thai Binh geboren. Heute lebt sie in Hanoi. Mit ihrer tiefen Stimme spricht sie fließend Französisch. Im Ton liegt nichts Liebliches, in ihren Worten nichts Beschönigendes, sie sind unverblümt und kehren ihren scharfen Verstand hervor. Sie beobachtet. Ihr Blick erfasst ein ganzheitliches Bild, durchdringt, nimmt eine Situation blitzschnell wahr, analysiert und kommentiert sie mit klaren Worten. Sie hält fest, ohne dem Satz ein Fragezeichen anzuhängen. Keine Zwischentöne. Sie scheinen nicht notwendig zu sein, ihre Wahrnehmung macht betroffen, irritiert und ist unbequem.

Duong Thu Huong ist die bekannteste zeitgenössische vietnamesische Schriftstellerin. Das heißt aber nicht, dass man ihre Bücher in Vietnam kaufen kann. Zumindest nicht auf legalem Weg. In der Hauptstadt Hanoi gibt es in einer kleinen Seitengasse der Trang-Tien-Straße Verkaufsstände mit Papierwaren und Büchern. Dort ist auch der Schwarzmarkt für besondere literarische Kostbarkeiten. Vorsichtig tastet man sich an die Verkäufer heran und fragt schließlich nach dem nicht ausgestellten, gewünschten Buch. Wenn man Glück hat, verschwindet der Verkäufer und bringt aus einem versteckten Regal, aus einem Hinterzimmer oder einer Tüte, was man sucht. 2003 war es selbst auf diese Weise unmöglich, Publikationen von Duong Thu Huong in Vietnam zu erhalten. Auf der Suche nach einem Roman der Dissidentin kann man es noch bei den jugendlichen Postkartenverkäufern vor den Hoteleingängen und vor dem Postamt in Hanoi versuchen. Diese gut vernetzten Straßenjungen wissen über viele nicht ganz legale Dinge Bescheid. Der eine oder andere kennt vielleicht eine Quelle in einem Privathaushalt, wo es manchmal Kopien von Duong Thu Huongs Werken gibt.

Duong Thu Huongs erste Novelle entstand in den achtziger Jahren. Es war der Beginn der vietnamesischen »Perestroïka«. Aufgrund der verheerenden wirtschaftlichen Verhältnisse im Land, entschieden sich die Machthaber zu wirtschaftlichen Reformen, um ausländische Investoren anzulocken. Es waren nur einige Jahre, in denen auch Künstler mehr Freiheit genossen. Bis zum Fall der Berliner Mauer, dann hatte die Rede- und Ausdrucksfreiheit wieder ein Ende. Die Angst der Regierenden vor einem möglichen Machtverlust, so wie es in Russland und Ostdeutschland geschehen war, siegte über einen zaghaften Ansatz auch politischer Reformen. Trotzdem verkaufte sich in der kurzen Zeit Duong Thu Huongs Erstlingswerk rund sechzigtausend Mal in Vietnam.

Für Duong Thu Huong sind ihre Romane

Schmerzensschreie. Im Krieg gegen die USA wurde sie Mitglied einer weiblichen Künstlergruppe zur Unterhaltung der nordvietnamesischen Soldaten. Die Lieder der »singenden Soldaten« sollten lauter schallen als die Bomben. Ihre Theateraufführungen sollten die Moral der Soldaten stärken, bevor sich die Künstlerinnen um deren Wunden kümmern mussten, oder gar deren tote Körper zu begraben hatten. Es war der Anfang von Duong Thu Huongs Ernüchterung.

Der Tod schärfte die Sense über unseren Köpfen, Sekunde für Sekunde, Minute für Minute, Tag für Tag.

Fast zehn Jahre war Duong Thu Huong an den Orten der schwersten Bombardements im Fronteinsatz an der Grenze zu Südvietnam. Von den vierzig weiblichen Mitgliedern ihrer Künstlertruppe war sie eine der drei Überlebenden, die über diese ganze Zeit den Schrecken des Krieges erfuhren und zehn Jahre in Untergrundtunnels und im Dschungel gelebt hatten.

Nachdem Nordvietnam 1975 den Krieg gewonnen hatte, besuchte Duong Thu Huong ihre Verwandten in Saigon, heute Ho-Chi-Minh-Stadt, und war überrascht über den Wohlstand, den sie dort vorfand. Über viele Jahre hindurch hatte sie von der Propagandamaschinerie des Nordens gehört, dass die Saigoner unter dem amerikanischen Regime wie die Hunde lebten. Das war die Fortsetzung von Duong Thu Huongs Ernüchterung.

Oder lebte sie unter den Menschen, deren Gesichter auf den Schlamm und die Reissetzlinge gerichtet sind, um sich schließlich nach der Ernte die paar Dau minderwer-

tigen Reis noch einteilen zu müssen, und die dennoch glücklich und froh sind, weil sie ihr Gesicht hinhalten dürfen für ein Foto gemeinsam mit dem Parteisekretär der Provinz?

Zurück in Hanoi schrieb sie Drehbücher für das Hanoier Filmstudio. Dort verstärkte sich ihre Enttäuschung noch als sie miterlebte, dass die Ideale, für die sie ihre Jugend geopfert hatte, nicht existierten. In der Armee erhielten während des Krieges alle ungeachtet ihres Ranges die gleiche Fleischration. Nach dem Krieg bekamen Leutnants plötzlich die vierfache Menge. Duong Thu Huong begann politische Flugblätter zu schreiben und zu verteilen, in denen sie behauptete, dass der vietnamesische Sozialismus eher einem Feudalismus gleiche. Sie erhielt eine Verwarnung durch die Zensur, als sie sich auch gegen diese aussprach, verlor sie ihre Arbeit. Nur ihr exemplarischer Kriegsleumund rettete sie vor weiterer Bestrafung. Gegen ihr Gefühl folgte sie dem Rat von Freunden und trat 1985 der kommunistischen Partei bei. Ihre Hoffnung war, dass ihr die Parteizugehörigkeit ermöglichen würde, für die Rechte des Volkes einzutreten.

Duong Thu Huong schrieb weiter. Kein anderer vietnamesischer Autor vor ihr hatte den Mut, so deutlich zu sagen, dass das sozialistische Paradies des vietnamesischen Marxismus nur für die existiert, die die Wahrheit nicht sehen wollen. Explizit sprach sie es in ihrem zweiten Roman »Paradise of the Blind«, Paradies der Blinden, an. Dieser Roman wurde in einer Auflage von hunderttausend Exemplaren in Vietnam verkauft, als erster vietnamesischer Roman ins Englische übersetzt und in den USA publiziert. Daraufhin wurden ihre Aussagen noch wagemutiger. Anlässlich einer Parteikonferenz von Generalsekretär Nguyen van Linh im Jahre 1988 stellte Duong Thu Huong fest, dass es in Vietnam keine Intelligenzija gäbe, weil das Einparteiensystem nur Diener produziere. Mit einem »Haus für Minister« wollte man das Schweigen der Schriftstellerin kaufen, doch sie antwortete, dass zwanzigtausend Lehrer auf ein solches Haus warteten, man solle es besser ihnen geben. Duong Thu Huong wurde wegen Disziplinlosigkeit aus der kommunistischen Partei ausgeschlossen.

Ab sofort publizierte kein vietnamesisches Verlagshaus mehr Duong Thu Huongs Bücher. Die bereits veröffentlichten sind offiziell seit einem Jahrzehnt verboten. 1991 erhielt sie einen der drei wichtigsten französischen Literaturpreise, den Prix Fémina, und den UNESCO-Literaturpreis. Im selben Jahr wurde Duong Thu Huong inhaftiert. Ihr wurde zum Vorwurf gemacht, Dokumente ins Ausland gesendet zu haben, die Staatsgeheimnisse enthielten. Tatsächlich waren diese »geheimen Dokumente« nichts anderes als das hier zitierte Manuskript ihres dritten Buches »Roman ohne Namen«, eine selbstkritische Aufarbeitung des Krieges aus der Sicht des Siegers. Der Protagonist des Romanes, Quan, ein junger Kommandant, wird in der Endphase des Krieges auf geheime Mission geschickt. Quan geht mit seiner Kompanie durch ein zerstörtes, hungerndes Land. Bei allem Leid, dem er auf seinem Weg begegnet, nimmt er wahr, was keiner sehen darf, was von der Regierung verschwiegen wird. Der »Roman ohne Namen« räumt mit dem Heldenmythos auf und fragt, ob ein Krieg die Millionen Toten rechtfertigt.

Auf beiden Seiten wurde geschrien, auf beiden Seiten wie geisteskrank getötet. Auf beiden Seiten gab es freudige Aufschreie, wenn das Blut des Gegners aus den Herzen sprudelte, wenn das Hirn des Gegners aus den Köpfen spritzte. Auf beiden Seiten wand man sich vor Schmerzen wie Insekten unter einem Flammenwerfer. Die am Leben blieben, zogen sich vom Schlachtfeld zurück, um als Futter für die nächste Schlacht zu dienen. Die Toten opferten alle irdischen Überreste den wilden Tieren, den Maden und den Insekten.

Für »Roman ohne Namen« wurde die Schriftstellerin ohne Anklage, ohne Verurteilung und ohne Gerichtsverfahren über sieben Monate im Gefängnis festgehalten. Jene, die sie stundenlang über Wochen verhörten, sagten ihr: Wenn sie stürbe, würde sich nach einer Woche niemand mehr an sie erinnern. Eine Ironie vor dem Hintergrund der vietnamesischen Geschichte, in der Millionen von Menschen ihre Ideale mit dem Tod bezahlt haben. Internationale Proteste über Amnesty International erwirkten ihre Entlassung aus der Haft. Doch wie frei war sie? Der Reisepass wurde ihr abgenommen, Einladungen ins Ausland konnte sie nicht folgen, denn sie erhielt trotz diplomatischer Interventionen keine Ausreiseerlaubnis. Sie erfuhr von zwei Verkehrsunfällen, in die man sie verwickeln wollte. Das von Frankreich angebotene politische Asyl hat die Schriftstellerin schon 1994 abgelehnt. Duong Thu Huong bleibt in ihrer Heimat, weil dort die Angst alles lähme. Weil ehemals mutige Soldaten zu feigen Zivilisten geworden seien. Vietnam hat einen hohen Preis für den Krieg bezahlt, die Kraft der Menschen hat sich erschöpft. Diese Schwäche wird vom Regime ausgenutzt. Die Ordnungskräfte herrschen und unterdrücken, fordern Schutzgelder von Restaurants und Geschäften, halten die Hände bei den Drogendeals auf. Die Ministersöhne erhalten Auslandsstipendien. Regierungsbeamte wohnen in mehrstöckigen Häusern, fahren teure ausländische Autos und eröffnen eigene Firmen, in denen die Landsleute um Löhne arbeiten, die sie gerade einmal nicht hungern lassen. Außerhalb der Städte ist Vietnam nach wie vor bitterarm. Duong Thu Huong weiß, dass sie das Regime gerne aus Vietnam ausweisen möchte. Doch die Schriftstellerin bleibt. Sie habe noch eine Mission, meint sie, nämlich auf die Gesichter der Macht zu spucken, die alle entkräftet.

Um die vom Regime überwachte Duong Thu Huong zu treffen, benötigt man eine offizielle Erlaubnis. Den Kontakt mit Fremden versucht die Regierung zu unterbinden. Allerorts löst ihr Name Nervosität aus. Nicht einmal der Schriftstellerverband erteilt Auskunft über ihren Verbleib. In Vietnam ist das sehr ungewöhnlich, denn wenn man jemanden besuchen will, geht man in der Regel einfach hin. Generell ist es nicht schwer, die Adresse einer Person herauszufinden. Doch mit Duong Thu Huong ist das anders. Man habe schon lange nicht mehr von ihr gehört, sie sei verrückt geworden oder verzogen, erfährt man. Ihre Telefonleitung wird vom Regime seit einem Jahr blockiert, wo sie wohnt, scheint unergründlich. Wenn es der Regierung gelingt, Duong Thu Huong im eigenen Land verrückt oder inexistent zu reden, dann ist sie tot. Denn tot ist, wer totgesagt wird.

Duong Thu Huong hat schon einmal aus Überzeugung für eine Sache gekämpft und ihr Leben dafür eingesetzt: Für die Freiheit ihres Heimatlandes. Sie hat den Bombenhagel überlebt. Nun kämpft sie wieder für ihr Land, posthum für die vielen Freunde, die sie während des Krieges verloren hat. Es seien deren Geister, die sie jagten, sie seien wie Blumen, die nicht blühen können. Und sie kämpft für ihre Landsleute, denen sie ein freies Leben wünscht, das nicht daraus besteht, das Gesicht dem Schlamm des Reisfeldes zuzuwenden, sondern sie wünscht sich Vietnamesen, die ihr Gesicht zum Himmel, zur Sonne drehen. Die Menschen haben Angst vor den Mächtigen, Schriftsteller müssen für sie sprechen. Duong Thu Huong ist bereit, alles zu verlieren, nur nicht die Ehre. Sollte das Regime nichts anderes mit der Dissidentin vorhaben, wird Duong Thu Huong weiter schreiben. Duong Thu Huongs Idealismus hat einen langen Atem.

Heimat! Dieses zweisilbige Wort umfasst alles das, was du einatmest, was du an dein Herz drückst und was du verehrst.

Kommunismus
Jesus und der Ahnenaltar

Tran kam mit achtzehn Jahren aus seiner Heimatprovinz Nam Dinh nach Hanoi. Der zaundürre Junge sah aus, als sei er gerade fünfzehn Jahre alt. Als *Cyclo*-Fahrer wollte er in der Hauptstadt Geld verdienen und damit seine Familie auf dem Land unterstützen. Durch sein freundliches Wesen, seine Hilfsbereitschaft, seine Ehrlichkeit, seine Intelligenz und seine Lernbereitschaft lernte er in Vietnam arbeitende Ausländer kennen, die ihn regelmäßig beschäftigten und bezahlten. So wie Tran den Ausländern half, halfen sie ihm. Schon bald konnte er sich ein gebrauchtes Moped kaufen und als *xe om* arbeiten, was wörtlich übersetzt »Transportmittel umarmen« heißt und Mopedtaxi bedeutet. Mit dem Moped war er schneller und konnte auch mehr Geld verdienen. Nach einigen weiteren Jahren machte Tran schließlich den Autoführerschein, und heute chauffiert er ausländische Firmenangestellte, die es vorziehen, einen vietnamesischen Fahrer zu haben, als selbst einen Unfall auf den schlecht ausgebauten Straßen im chaotischen Verkehr zu riskieren. So eine Straße führt in Trans Heimatprovinz Nam Dinh, in die Wiege des Katholizismus in Vietnam.

In Trans Geburtsdorf steht ein großes katholisches Fest bevor, das Fest des lokalen Heiligen Nghuyen Hoa Kien. Der jüngste Sohn wird zu Hause erwartet, er muss seiner Mutter bei den Vorbereitungen helfen. Einhundertachtzig Kilometer ist die Strecke von Hanoi nach Xuan Thuong lang. Nach sechs Fahrstunden durch strömenden Regen und sengende Sonne, bekleidet mit dünner Regenhaut und Baseballkappe treffen wir in Trans Zuhause ein. Doch bevor wir in die schmale und holprige Landstraße nach Xuan Thuong einbiegen, kaufen wir für die Mutter in einem kleinen Geschäft Zucker, Salz, Fischsoße, Kekse und Öl.

Trans Mutter lebt in einem betonierten rechteckigen Bauernhaus, auf dessen verandenartigem Vorplatz Reis zum Trocknen aufgelegt ist. Die freilaufenden Hühner picken fröhlich darauf herum, keiner hindert sie daran. Vor der Eingangstür hängt ein bunter Plastikfransenvorhang, der im Wind und beim Eintreten wie ein Bambuswald raschelt. Von den zwei Wohnräumen wird nur einer bewohnt. Der Boden ist mit großen handgemachten Fliesen mit gelbbraunem Muster ausgelegt. Im Raum befinden sich ein Bett und eine kleine Vitrine. Das gute weiße Chinateeservice mit rosarotem Rosenmuster steht in der Vitrine und erinnert an schlecht aufgeklebte Abziehbilder. Mehrere Teeschalen, so groß wie Büffelaugen, und eine winzige Teekanne gehören zu dem Set. Der starke grüne Tee hat die Innenseite der Kanne braun gefärbt. Auf der Ablage unter dem Spiegel, der an der Wand hängt, liegt ein gelber Plastikkamm mit breiten Zähnen.

Die Fenster sind an den beiden Längsseiten des Hauses versetzt. In ihren glaslosen Rahmen sind schmiedeeiserne Gitter verankert, davor steht eine breite Holzpritsche. In den beiden Rahmenecken an der Kopfseite der Pritsche wurden Stöcke angebracht, an deren oberen Enden Nägel eingeschlagen sind. An ihnen wird das Moskitonetz befestigt. Auf dem Bettrahmen liegen Holzbretter, auf denen eine einen halben Zentimeter dicke Bambusmatte ausgebreitet ist, die als Matratze dient. Die Wände des Raumes sind türkisgrün ausgemalt. Die Farbe und die offenen Fenster, das Rauschen des Plastikvorhangs machen die durchziehende Hitze erträglicher.

Die wichtigsten Orte in Trans Elternhaus sind für Jesus, den einzig erlaubten Gott und die verstorbenen Ahnen reserviert. Mit neun Prozent scheint die christliche Glaubensgemeinschaft in Vietnam nicht sehr groß, es sind aber immerhin fast neun Millionen Menschen. Französische Missionare brachten das Christentum Anfang des siebzehnten Jahrhunderts nach Vietnam, in ein Land, in dem Buddhismus, Konfuzianismus und Taoismus die vorherrschenden Religionen sind. Auch sie kamen von außen nach Vietnam. Die Weltanschauungen dieser Religionen haben sich in die eingeborenen Glaubensgepflogenheiten eingegliedert. Und so verschmolzen sie mit der Ahnenverehrung und dem Animismus, dem Glauben, dass allen Dingen und Naturerscheinungen eine Seele innewohnt. Nur das Christentum, besonders der Katholizismus war nicht bereit, sich in bestehende Ideologien einzugliedern. Er wollte sie überwinden und ersetzen.

Für Tran gibt es nur die katholische Religion und den christlichen Gott, mit den anderen landesüblichen Glaubensrichtungen hat seine Familie gebrochen. Um Trans Hals hängt eine Kette mit Kreuz. Im Haus seiner Mutter schmückt ein pastellfarbenes Jesusbild die Wand, das von einer elektrischen Lichterkette umgarnt ist. Das Familieneinkommen ist knapp, doch für Jesus werden keine

Energiekosten gescheut. Abgesehen von willkürlichen Stromausfällen blinken dem christlichen Gott den ganzen Tag lang bunte Lichter. Doch neben dem Altar für Jesus gibt es noch einen weiteren, den Ahnenaltar. Auch das Verbot und die strenge Kontrolle durch katholische Geistliche konnten die Ahnenverehrung nicht vertreiben. Während der Missionierungsanfänge in Nam Dinh stellten die konvertierten Vietnamesen die Räucherstäbchen für ihre Ahnen einfach auf den Ahnenaltar eines nichtkatholischen Nachbarn oder versteckten sie in einem Gefäß unter Reisstrohballen. Später verbot auch noch die kommunistische Regierung die Ahnenaltäre und verteufelte die Verehrung der Verstorbenen als Aberglaube. Doch alle Verbote blieben fruchtlos. So wie in Trans Zuhause steht heute wieder in fast jedem vietnamesischen Haushalt ein eigener Ahnenaltar. Im Haus von Trans Mutter werden Jesus und die Ahnen gleichermaßen verehrt. Das Jesusbild hängt neben dem Ahnenaltar.

Die Totentafeln auf dem Ahnenaltar zeigen die Fotografie von Trans Vater, die Kohlezeichnung zeigt das Abbild seines verstorbenen Großvaters. In einem Keramiktopf mit geweihter Reisstrohasche schwelen würzig duftende Räucherstäbchen, die als abgebrannte schwarze Fasern durch die Luft fliegen. Frische Früchte sind den beiden verstorbenen Seelen dargebracht. Blumenduft erfüllt am ersten und am fünfzehnten Tag des Mondmonats den Raum, Rosen, sogar Reisschnaps oder eine Schale Klebereis stehen auf dem Ahnenaltar. Zu Festzeiten werden die Verstorbenen in die Feier einbezogen.

Der Ahnenkult ist in Trans Familie sowie allgemein in Vietnam weniger eine Frage der Religion als das Festhalten an einer Tradition, in der die Beziehung zwischen Lebenden und Toten wichtig ist. Hier enden die familiären Beziehungen nicht mit dem Tod. Die Seele eines verstorbenen Menschen bleibt als Schutzgeist der Lebenden in der Familie zurück und nimmt weiter an deren Leben teil. Im Ahnenkult wird der Dank gegenüber den Vorfahren ausgedrückt, die die Bäume gesetzt haben, deren Früchte die Hinterbliebenen ernten. Dafür bringen sie den Verstorbenen Gaben dar und bitten sie, im Haus zu verweilen. Die Toten und die Lebenden sind aufeinander angewiesen, beide haben Rechte und Pflichten. Die Aufgabe der Toten ist es, die Lebenden zu beschützen. Die Aufgaben der Lebenden ist es, über fünf Generationen für einen Toten zu beten, damit seine Seele wiedergeboren wird.

Es ist ein Festtag in Trans Familie, das erkennt man an der Fleischspeise, dem gekochten Huhn auf dem Ahnenaltar. Die Verstorbenen sind eingeladen mit den lebenden Familienangehörigen das Huhn zu verspeisen. Eine Seitentür aus dem Wohnraum führt hinaus in den Hinterhof. An einer mit Reisstroh gefeuerten offenen Kochstelle hantieren die beiden Schwägerinnen Trans. Bald wird das restliche Essen aufgetragen. Gegessen wird auf dem Boden auf der ausgebreiteten Bambusmatte, die sonst als Matratze dient. Tran und seine vier Brüder, die Mutter und ich sitzen im Lotussitz in einem Kreis, fünf Kinder in einem anderen. Die Schwägerinnen, die das Essen zubereitet haben, sind verschwunden. Ein Topf Suppe, ein Teller mit gekochtem Huhn und darüber gestreutem frischen Zitronengras, gedämpfter Duftreis und Wasserspinat werden serviert. Die Kinder und die Männer verteilen Stäbchen und Reisschalen. Die Schwägerinnen werden später essen, was noch übrig ist.

Trans Mutter ist eine alte Frau, die ihre Familie mit wenig durchbringen muss. Wenn immer sie mich alleine sieht, zupft sie mich am Ärmel und sagt »Heirate meinen Sohn«. Jeder Ausländer hat ihrer Meinung nach viel Geld. Eine Heirat mit ihrem Sohn wäre eine Verpflichtung, für die ganze Familie zu sorgen.

In Vietnam sind nicht nur die Familiengesetze anders. Auch die Reise- und Aufenthaltsgesetze variieren von Ort zu Ort, wenn diese nicht für den Tourismus erschlossen sind. Überhaupt scheinen die ländlichen Provinzen eine andere Gesetzgebung zu haben als die offiziell von der Regierung festgelegte. Die kontrollierenden Behörden sind in der Hauptstadt und weit weg, am Land wird weitestgehend autonom entschieden. Deshalb muss mein Besuch in Nam Dinh auf dem Polizeiquartier persönlich angemeldet werden. Die zwei Polizisten setzen ein professionelles, grimmiges, Respekt einflößendes Gesicht auf und stellen ihre Fragen in brüskem Ton: »Wie heißt du? Wie lange bleibst du? Dein Beruf?« Tran übersetzt und antwortet für mich. »Journalistin.« Ich erhalte den Befehl, noch am selben Tag abzureisen, mit der Begründung, dass es im Dorf keine passende Unterkunft für ausländischen Besuch gäbe. Die Unterkunft in einem Privathaus sei zu unbequem. Ich müsse abreisen, am besten sofort. »Nein, keine Möglichkeit hier zu bleiben, unmöglich, abreisen, sofort!« Heißt das, dass die beschwerliche Rückreise nach Hanoi sofort wieder anzutreten ist, ohne dem katholischen Fest beigewohnt zu haben? Niemals.

Ich zitiere das offizielle Reisegesetz Vietnams und frage den sturen Polizisten nach seinem Namen. Die Antwort lautet: »Sie schreiben besser nicht über uns. Vietnams Straßen sind gefährlich, es passieren viele Unfälle.« Rechtzeitig erinnere ich mich daran, dem um mein Wohl bemühten Polizisten eine kleine finanzielle Anerkennung zuzustecken. Alle haben wir nun unser Gesicht gewahrt, und ich durfte für zehn US-Dollar eine Nacht und einen Tag länger in Xuan Thuong bleiben.

Dieser polizeiliche Zwischenfall hatte aber nicht nur den Grund, dass die unterbezahlten Gesetzeshüter Extrageld verdienen wollten. Ich sollte dem katholischen Fest nicht beiwohnen, um nichts von den Spannungen zwischen den Katholiken und dem Regime zu erfahren. Den Bewohnern von Xuan Thuong ist das kommunistische Regime verhasst, sie erkennen nur die Gebote Gottes an. Und die kommunistische Regierung Vietnams misstraut den Christen ohnehin generell. Für sie sind die Christen Konterrevolutionäre, sie entziehen sich der Kontrolle der Obrigkeit. Eine gut organisierte Kirche stellt für die Regierung eine Bedrohung dar, schließlich hat sie andernorts den Niedergang des Kommunismus verursacht. Im Anschluss an die Machtübernahme durch die Kommunisten wurde die freie Religionsausübung in Vietnam jahrzehntelang verboten. Seit Anfang der neunziger Jahre ist sie theoretisch wieder erlaubt. In der Praxis müssen sich Kirchengemeinschaften registrieren lassen, und das ist schwierig. Oft werden Priesterweihen, Klostereintritte, die Organisation von Tagungen, Versammlungen und Festen von der Regierung abgelehnt. Geistliche, die diesen Missstand nicht wortlos akzeptieren, riskieren eine Inhaftierung.

Bischöfe werden nur zugelassen, wenn sie regierungsfreundlich sind oder sie werden überhaupt von der Regierung nominiert.

Wie eine Folter fühlt sich das harte Holzbett an, auf dem ich voll bekleidet die Nacht zubringe, die auf dem Land mit Einbruch der Dunkelheit beginnt und bald beendet ist. Der katholische Festtag beginnt um vier Uhr früh mit dem Läuten der Kirchenglocken. Im Zweistundentakt liefern sie sich daraufhin einen Wettkampf mit den Lautsprechern des örtlichen Volkskomitees, durch die im Wechselklang ideologische Parolen in ohrenbetäubender Lautstärke durch die Trichter jagen und das katholische Fest stören. Davon lassen sich die Dorfeinwohner, alte wie junge, nicht beeindrucken und strömen hundertfach in die Kirche und feiern die Messe. Diejenigen, die in der Kirche keinen Platz mehr finden, hocken auf dem Vorplatz. Durch die Menschenmasse hindurch schlängeln sich magere Nonnen mit leeren Opferbeuteln, die die Bauern mit einem groben Stubser an ihre Spendepflicht erinnern. Ein großer Chor junger Sänger und Sängerinnen singt mit klaren Stimmen himmlische Choräle, die die ganze Kirchengemeinde in Euphorie versetzen. Obwohl ich die Liedtexte nicht verstehe, überträgt sich die Energiewelle von den anderen Gottesdienstbesuchern auch auf mich. Trotzdem widerstehe ich der autoritären Aufforderung von Trans Mutter, auch alle weiteren Gottesdienste um sechs, acht und zehn Uhr zu besuchen. Ich wohne dem Festablauf erst kurz vor Mittag wieder bei. Dann nämlich balanciert eine Prozession bunt gekleideter Geistlicher in brennender Hitze Devotionalien durch das Dreihundert-Einwohner-Dorf, in dem drei Kirchen stehen.

Mit den Besuchern der umliegenden Dörfer folgen über tausend Menschen der Prozession. Begleitet wird der gläubige Zug von einer Musikkapelle, die traditionelle, aber dissonant klingende Töne aus ihren Instrumenten produziert. Dieses religiöse Fest zeigt, wie leidenschaftlich gerne die Vietnamesen feiern, sich verkleiden und mit effektvoller Dramaturgie theatralisch inszenieren.

Xuan Thuong und seine Bewohner haben bei mir den Eindruck von gelebter Nächstenliebe hinterlassen. In diesem katholischen Dorf wurde geteilt, das muss sich bei den Bettlern herumgesprochen haben. Alle paar Stunden klopfte ein anderer an der Tür und jedes Mal leerte ihnen Trans Mutter eine Schale Reis in den mitgebrachten Stoffbeutel, obwohl auch sie nur wenig zu essen hatte und wahrscheinlich nicht immer satt wurde.

Ein Jahr nach diesem katholischen Fest kam Trans Jugendliebe nach Hanoi. Die Frau mit dem Namen Hoa, Blume, folgte ihm aus Xuan Thuong und arbeitete als Schneiderin in der Hauptstadt. Als Hoa schwanger wurde, heiratete Tran sie mit ihrer beider Sohn im Bauch. Auch dafür gab es ein katholisches Fest in Trans Geburtsort.

Indigo Blues – kulturelle Vielfalt im Kommunismus

Die Ureinwohner Vietnams waren Bauern, Jäger und Fischer. Sie kamen aus China, den Hochebenen Innerasiens und von südpazifischen Inseln. Ein Vielvölkerstaat, in dem sechsundfünfzig verschiedene Volksgruppen leben, eine menschliche Wegkreuzung asiatischer und ozeanischer Wanderrouten. Die Landesbevölkerung zählt ungefähr achtzig Millionen Menschen, von denen neunzig Prozent zu den ethnischen Viet zählen. Sie blicken politisch und kulturell auf eine gemeinsame Geschichte zurück, und sie sind ein junges Volk. Über die Hälfte ist unter zwanzig Jahre alt. In einer Kultur, in der Familie groß geschrieben wird, stehen jedem Ehepaar laut Bevölkerungspolitik zwei Kinder zu. Bei einer jährlichen Geburtenrate von 2,1 Prozent steigt die Bevölkerung schnell an, jedes Jahr sind zusätzlich um die zwei Millionen Menschen zu ernähren.

Die ethnischen Minderheiten Vietnams stellen nur ein Zehntel der Gesamtbevölkerung dar, bewohnen aber zwei Drittel der Landesfläche, vor allem die Bergregionen. Den größeren Volksgruppen gehören rund eine Million Menschen an, die kleineren bestehen manchmal nur noch aus ein paar hundert. Nahezu alle Sprachfamilien Südostasiens südlich des Jiangtse-Flusses sind in der vietnamesischen Bevölkerung anzutreffen. Die Bergvölker Zentralvietnams sind mehrheitlich malayo-polynesischen Ursprungs. Zu ihnen gehören die Völker der Ede, Giarai, Banaa, Raglai, Churu und Cham.

Im südlichen Mekong-Delta sind die Mon-Khmer-Völker zu Hause sowie die ökonomisch wichtigste Minderheit, die Chinesen oder Hoa. Eine bedeutsame Volksgruppe sino-tibetanischer Herkunft siedelte sich in Nordvietnam an. Zu ihnen gehört die mit über eineinhalb Millionen Angehörigen zahlenmäßig größte Minderheit, die Tay-Thai. Sie leben auf den nordwestlichen Hochplateaus Thai Nguyens und zählen zu den ersten Siedlern des heutigen Vietnam. Ihre Kultur hat viel zur Entwicklung des Landes beigetragen, im landwirtschaftlichen wie im kulturellen Sinn.

Eine Reise durch den Nordwesten Vietnams gleicht einer Reise in die Vergangenheit. Die kurvenreiche Nationalstraße Nummer sechs führt durch Berg- und Dschungelregionen nördlich und westlich vom Delta des Roten Flusses. Die Region ist Heimat von vielen, teilweise noch immer nomadisierenden Bergvölkern. Von der Hauptstadt Hanoi führen vierhundertfünfzig Kilometer holprige Wegstrecke über die Provinzen Hoa Binh und Son La, wo die N 6 in Lai Chau in die am dünnsten besiedelte Provinz Vietnams abzweigt, nach Dien Bien. Die dreitausend Meter hohen Berge der Provinz grenzen im Westen an Laos und im Norden an China, sie bilden eine natürliche Grenze zu den Nachbarländern. Zum Reiseziel Sapa ist man drei bis vier Tage unterwegs. Das sollte man kalkulieren, wenn man den samstäglichen »Liebesmarkt« der ethnischen Minderheit des Hmong- und Zao-Volkes besuchen möchte. Am Thermometer des russischen Jeeps klettert das Quecksilber auf vierzig Grad, die heiße Luft wird von einem Ventilator mit sieben Zentimetern Durchmesser ungleichmäßig im Wageninneren verteilt.

Inmitten von nass schimmernden Reisfeldern der dramatischen Hochlandhügellandschaft von Thai Nguyen stehen bizarre, kegelförmige, üppig bewachsene Berge. Barfüßige Frauen kommen aus dem Wald. Auf ihrem Rücken tragen sie gesammeltes Brennholz in geflochtenen Körben nach Hause in ihr Dorf. Wiegenden Schrittes, in kerzengerader Haltung und mit der Anmut von Ballerinen überqueren die grazilen Frauen die aus Bambus gebaute Hängebrücke. Sie erinnert an ein löchriges Netz; der Blick trifft von der Hängebrücke in zwanzig Metern freiem Fall auf den säuselnden Wildbach. Eine farbenprächtige Ansammlung von fünfzig Thai-Frauen, -Männern und -Kindern auf der anderen Seite. Ein Gemeinschaftshaus wird gebaut.

Oberhalb der Felder liegt ihre Siedlung. Nur ein Weg führt von hier in das nächste *ban*, das Nachbardorf: der durch den Bach. Thai-Dörfer liegen immer in Flusstälern und bei Bächen. Die Steine im glasklaren Wasser sind glitschig, man muss die Schritte vorsichtig setzen, barfuß. Denn so ist auch das Weiterkommen in das Dorf auf den zwanzig Zentimeter schmalen und aufgeweichten Erdwällen, die die Parzellen der Reisfelder einsäumen, einfacher.

Die vierzig bis fünfzig Häuser eines *bans* sind Pfahlbauten aus Bambus oder Holz; ihre Grundstruktur ist ein Bambusrahmen mit Lehm- oder Bretterwänden. Die Häuser der Thai sind geräumig und trotz ihrer Einfachheit elegant. Die Hausdächer erinnern an die Form eines Schildkrötenpanzers. Die Feuerstelle befindet sich im Haus oder auf der Veranda vor dem Eingangstor. Unter dem Wohnbereich ist Platz für Schweine, Ochsen, Wasserbüffel und Federvieh, sie sind in der kalten Jahreszeit ein

Wärmeschutz, erklären der Dorfälteste mit schulterlangem, weißem Haar und seine Frau. Über den Hauszaun kletternd, führen sie den fremden Besuch über eine Leiter hinauf in ihre Wohnräume. Der zwanzig Meter lange Raum ist in zwei Hälften geteilt. Auf der linken Seite befinden sich hinter Vorhängen die Schlafnischen. Männer und Frauen schlafen getrennt, die Ehepaare teilen sich eine Bettstatt. Ein Holztisch, Bänke und Rattanschemel sind die einzigen Möbelstücke im Wohnraum. Die künstlerisch geflochtenen Körbe dienen als Lebensmittelspeicher und zur Aufbewahrung von Kleidung. Der Hausherr hat sein Französisch aus der Kolonialzeit noch nicht verlernt. Er kredenzt dem männlichen Besuch selbst gebrannten Reisschnaps, dem weiblichen abgekochtes Wasser. Während gegenseitiger neugieriger Befragung versammeln sich leise die restlichen Einwohner des Dorfes im Raum. Ein Herr mit Baskenmütze zieht stolz einige große Geldscheine aus seiner Hosentasche. Sie stammen aus der Kolonialzeit, der Aufdruck »Banque d'Indochine« beweist es. In den *bans* werden Gastfreundschaft und gegenseitige Hilfe groß geschrieben. Die Thai öffnen ihre Häuser, nehmen den Fremden an der Hand und führen ihn durch ihr Heim, bewirten ihn, bieten ihm eine Schlafstatt an und behandeln ihn wie einen Freund. Bemerkenswert ist ihr Sinn für Kommunikation. Sie mögen Menschen, das vermitteln sie unmissverständlich und in diesem Sinne führen die Thai ihr Leben. Ohne auch nur einzelne fremdsprachige Wörter zu kennen oder zu verstehen, wird hier mit den Augen und dem Herzen kommuniziert – eine Sprache, die jeder versteht.

In den Wohngegenden der Thai gibt es keine Märkte, diese findet man nur in einer Viet-Siedlung.

Dort wird alles feilgeboten, was die Einheimischen für das tägliche Leben brauchen. Wolle, Messer, allerlei bunte Plastikbehältnisse und Aluminiumgeschirr, Tabak, Stoffe. Schweine- und Hühnerfleisch liegen frei auf Holztischen. Die Fliegen werden von den Marktfrauen mit Handfächern verscheucht. Auch lebende Tiere werden angeboten. Hühner, Enten und Gänse kauern unter Drahtkörben.

Die Bauern der umliegenden Dörfer besitzen keinen fixen Marktstand. Mit federnden Schritten schaffen sie die Waren in einem Schulterjoch herbei. Die Tragekörbe werden danach auf den Boden gestellt. Sie enthalten Gemüse, Kräuter und Obst, alles, was das Feld hergibt. Saisonal und erntefrisch, das sind die Lebensmittel, die es zu kaufen gibt. Kühlvorrichtungen existieren nicht, nur das händische Besprengen mit Wasser hält das Gemüse ansehnlich. Auf einer mit der Hand gehaltenen kleinen Eisenwaage wiegen die Händler die Ware ab. Dabei achtet der Käufer genau, dass das Pendel nicht zugunsten des Verkäufers ausschlägt. Der Preis der Ware ist entweder eine Sache des Vertrauens, Verhandelns oder ein Zeichen, dass man die Marktgegebenheiten nicht kennt. Auf jeden Fall ist der Einkauf am Markt eine große Herausforderung für jemanden, der nicht ortskundig und daher nicht mit den Preisen vertraut ist.

Auch Angehörige von anderen Minderheitenvölkern kommen auf den Provinzmarkt. Sie haben oft stundenlange Märsche hinter sich, um ein Kilo des lebenswichtigen Salzes oder Zucker gegen ihre eigenen Produkte einzutauschen. Tauschwaren sind Sojabohnen, Honig, Süßkartoffeln und Baumwolle sowie die effektvoll handgewebten, mit Baumwolle gefüllten Bettdecken, die in der kalten Jahreszeit unverzichtbar sind. Ein eigener Markt war für die Thai nicht notwendig, die Familien im eigenen Dorf waren autark, und mit den Angehörigen der anderen Minderheitenvölker des Nordwestens – den Hmong, den Muong und den Zao – wurde Tauschhandel betrieben.

Obwohl diese Ethnien derselben Sprachfamilie angehören, unterscheiden sich die Kulturen der Thai-, Hmong- und Zao-Völker grundlegend. Hmong und Zao haben sich auf den Berghöhen niedergelassen. Sie sind dafür bekannt, dass sie die Wälder in ökologisch gefährlichem Ausmaß brandroden, um Land für den Reisanbau zu gewinnen. Die kahlen Berge, auf deren verkohlter Erde nur noch Baumstumpen stehen, zeugen davon. Alte Baumriesen mussten Reisfeldern weichen, die der Steigung wegen in Terrassenform angelegt sind. Heute verbietet die vietnamesische Regierung die Abholzung, weil die Auswirkungen auf das Ökosystem katastrophal sind. Während der Regenzeit kommt es zu Erdrutschen und schwerwiegenden, wochenlangen Überschwemmungen, die Ernten, Häuser und Straßen zerstören. Das Weiterkommen auf den schlaglochbespickten Straßen wird oft von entwurzelten Bäumen und Erdmassen blockiert. Wenn sie während der Regenzeit überhaupt passierbar sind, dann kann es einige Stunden dauern, bis verschüttete Straßen durch das Freischaufeln mit bloßer Menschenhand wieder befahrbar werden. Wenn die Reisenden nicht wieder umkehren und bis zur Weiterfahrt warten können, nutzen sie die Zeit einstweilen zum Durstlöschen.

Improvisierte Straßenverkaufsbuden entstehen im Handumdrehen nach so einem Zwischenfall, das Imbissangebot umfasst aus China importierte oder eingeschmuggelte Kekse, Obst aus der Umgebung und Zigaretten, die einzeln erhältlich sind. Immer gibt es den bitteren vietnamesischen Tee, je nach Örtlichkeit auch Kokosnussmilch oder frisch gepressten Zuckerrohrsaft, dessen Konsum allerdings selbst unter den Einheimischen oft zu Durchfall führt.

Auf der Weiterfahrt in den Norden kreuzen schwarz behaarte Schweine mit ihren Ferkeln im Gänsemarsch die Straße. In den zahlreichen Tümpeln, den Wasserquellen für die Reisfelder, liegen die Wasserbüffel nach getaner Arbeit. Nackte Kinder tummeln sich in künstlich angelegten Fischteichen. Der Sonnenuntergang taucht die Landschaft in ein sanftes Gold. Ruhe und der Abend kehren ein.

Früh am Morgen setzen wir die Reise fort. Die Gegend wird einsam, Motorengeräusch kommt lediglich vom russischen Jeep der Ausländer. Die Thai-Siedlungen entlang der Strecke sind arm. Die Kinder tragen zerschlissene Kleidung. Ihre Bäuche sind groß, dies und die einzelnen rotbräunlichen Haarsträhnen sind ein Zeichen von Unterernährung und Vitaminmangel. Trotz der Armut sind die Gärten und Häuser gepflegt, die Frauen bildschön. Ihre blauschwarzen Haare reichen bis zum Boden. Sie waschen sie im Fluss. Wieder trocken, werden sie mehrmals um die Hand geschlungen und in einen hohen Knoten frisiert. Mit einer Silberkette streifen sie die Haare glatt und stecken die daran befestigte Nadel in den Haarknoten. Auf den Wäscheleinen vor dem Haus hängt neben einem Kleidungsstück bisweilen eine lange dicke Haarsträhne, die in die schon bestehende Haarpracht eingeflochten wird.

Die miserable Bergstraße windet sich durch die grün bewachsenen tonkinesischen Alpen, deren höchster Berg Fansipan über dreitausend Meter hoch ist. Vereinzelt gibt es Hütten, in deren Gärten Weinreben wachsen. Auf den Anhöhen stehen Weiler, in denen Angehörige der Hmong- und Zao-Minoritäten wohnen. Schmale Trampelpfade führen von dort aus über Berg und Tal. Obwohl auch die Autofahrt anstrengend ist, ist die Reise im Jeep im Vergleich zu den langen Fußmärschen der Minderheiten Luxus, und die Ankunft in Sapa nach vierzehnstündiger Fahrt absehbar.

Sapa ist der alte Sommerfrischeort der französischen Kolonialherren, die 1954 in der legendären Schlacht von Dien Bien Phu nach fast zehnjährigen Kämpfen von den Viet-Minh-Widerstandskämpfern besiegt wurden. Sapa liegt auf sechzehnhundert Metern Seehöhe und ist nur fünf Kilometer von der chinesischen Grenze entfernt. Die verfallene Kirche überblickt das kleine Bergstädtchen und scheint in dieser von der Technologie verschont gebliebenen Welt der Hmong- und Zao-Völker fehl am Platz. Ihre Kultur und ihr Aussehen sind dem westlichen Menschen gänzlich fremd. Diese beiden Bergvölker leben noch wie vor fünfhundert Jahren. Ihre bescheidenen Weiler errichten sie auf den Berggipfeln, wo es weder Elektrizität oder Wasser noch Straßen gibt.

Melancholische Flötenmusik dringt an den Rand der vom Tau glitzernden Reisfelder. Die Augen folgen der Richtung, aus der die Töne kommen und bleiben im Blätterdickicht des Berghangs hängen. Holzhütten werden sichtbar, Rauch dringt aus ihren Wandritzen. Wie lange dauert wohl der Marsch dorthin? Es gibt keinen Weg. Reisfelder trennen die einzige Straße, auf der ein von der UNESCO gebauter Brunnen aus dem Jahre 1995 steht, vom Berghang. Ein Hmong-Mädchen kommt vom Markt aus Sapa zurück und geht den Weg dorthin. Sie lernt in der Grundschule Vietnamesisch, die offizielle Landessprache, somit ist ein Gespräch möglich. Die Reisfelder sind vor dem Berghang durch einen Holzzaun abgetrennt. Durch ein Tor, das mit einem Bambusseil an einem Holzpfahl befestigt ist, betritt man Hmong-Territorium. Ein Bretterstall für Ziegen und Schweine, frei laufende Gänse und Hühner sind die ersten Eindrücke. Die Flötenmusik kommt näher und näher. Das Hmong-Mädchen ermutigt uns zum Betreten ihres Elternhauses. Der erste Raum ist eine offene Rauchküche, in der erst nach einigen Momenten im dicken Qualm ein riesiger Kessel erkennbar wird, um den vier Frauen stehen, die dessen Inhalt umrühren. Aus Hanf gewebter Stoff wird mit Indigofarbe gefärbt; anschließend werden die langen Stoffbahnen an der frischen Luft getrocknet. Die Hmong-Frauen nähen aus ihnen Hemden, Blusen, Hosen, Röcke, Schürzen und Kappen für die gesamte Familie, die sie mit bunten Fäden und traditionellen Familienmustern besticken.

Viel sieht man nicht in der dunklen Rauchküche. Enge Schlafnischen sind an den Seitenwänden der rauchigen Küche angebracht. Stockbetten, die eher wie übereinander gestapelte Holzkisten wirken. Niemand spricht. In den Bettnischen liegen Männer. Die Flötenmusik versiegt, und ein Sprechgesang erklingt. Es muss das Gebet eines Schamanen sein. Auch ohne Worte spürt man, wie unheilschwanger die Atmosphäre ist.

Im nächstes Raum strömt Licht durch zwei gegenüberliegende Fenster herein. Das Familienoberhaupt sitzt auf einem Stuhl in der Schlafküche. Das

Hosenbein der groben Hanftracht ist bis zum Oberschenkel hinaufgekrempelt und zeigt das Bein, das während der Jagd schwer verletzt wurde. Vom Fußgelenk bis zum Knie legt eine offene Fleischwunde den Knochen frei. Die Schmerzen des Mannes müssen unerträglich sein.

Auf der linken Fensterseite kniet am Boden der Schamane. Vorwärts gebeugt, im Fersensitz, wiegt er seinen Oberkörper im Rhythmus seines Sprechgesangs. Als hätte er es angeordnet, fällt mit einem lauten Plumpsen ein totes Ferkel, das mit getrockneten Kräutern bedeckt war, von einer Holzbank. Die Religion der Hmong praktiziert Geisterverehrung und Exorzismus – so wirkt auch dieses Ritual. Die Atmosphäre ist mystisch und angespannt. Ob dieser Schamane mit seinem Gesang Heilung herbeiflehen kann? Ohne sofortige ärztliche Hilfe aus der Provinzstadt Sapa, die nur in einem stundenlangen Fußmarsch erreicht werden kann, ist der Mann todgeweiht.

Nur zehn Meter entfernt, durch ein Zauntor getrennt, wohnen Nachbarn. Sie sind Angehörige der Zao-Volksgruppe. Die Hmong dürfen die Zao-Siedlung nicht betreten. Ob das immer so ist, oder ob es mit der Krankheit zu tun hat, einem bösen Omen? Die Zao wirken im Gegensatz zu den Hmong stark und selbstsicher. Der grellrote Turban auf dem kahl geschorenen Kopf der Frauen, die beleibten Körper und die prachtvoll bestickten Hosen und Überkleider lassen sofort erkennen, dass dieses Volk eine andere Geschichte hat. Ihre Häuser haben großzügige Räume, sind hell und sauber. Die Frauen mit den funkelnden Goldzähnen, Symbol ihres Reichtums, haben die Macht in der matriarchalischen Gesellschaft. So wie die Angehörigen der Hmong tragen auch die Zao ihre Tracht. Alles an ihr ist in Handarbeit hergestellt: Der Hanf wird im Eigenanbau produziert und auf Holzwebstühlen gewebt. Die Zao verwenden ebenfalls indigogefärbte Stoffe für ihre Trachten, die wie antike chinesische Kleider aussehen. Die Farben der eingearbeiteten Motive wie Tiere, Blumen, Sterne und Sonnen strahlen auf dem dunklen Hintergrund; die gestickten Symbole erzählen von der Ernte, einer bevorstehenden Hochzeit – sie sind Familienkalender.

Manche Dörfer, sogar bloß einzelne Häuser, liegen mehrere Tagesmärsche weit voneinander entfernt, ohne dass es dazwischen Nachbarn gibt. Das macht ein Kennenlernen der heiratsfähigen Jugend dieser Minderheiten schwer. Sapa ist der Ort, wo sich die Jungen treffen. Verbunden mit dem allmonatlichen Besuch des Marktes von Sapa, wo Tauschhandel getrieben wird, können sich die Hmong- und Zao-Mädchen und -Burschen kennen lernen. Deshalb wird der Markt auch »Liebesmarkt« genannt. Sie nehmen tagelange Fußmärsche aus entlegenen Bergregionen auf sich, um rechtzeitig in Sapa einzutreffen. In der hügeligen Kleinstadt wird gehandelt und geturtelt. In ihren Körben tragen sie allerlei Handarbeiten und chinesische Wurzeln auf dem Rücken zum Verkauf oder Tausch nach Sapa. Es herrscht Jahrmarktstimmung.

Bei Einbruch der Dämmerung sitzen Mädchen und Jungen auf den Gehsteigen und den Stufen der Verbindungswege von Sapa. Direkt am Marktplatz vor der verfallenen Kirche werben sie umeinander. Einige der jungen Leute besitzen sogar einen einfachen Kassettenrekorder, auf dem sie ihre Lieder abspielen oder sie buhlen mit dem eigenen Gesang um einen Partner. Andere Paare sitzen in unbeleuchteten Hauseingängen, wo der junge Mann der Dame ein Ständchen darbietet, oder sie sitzen in simplen Straßenbuden im Schein von Petroleumlampen und trinken Tee. Aus einem versteckten Eck tönt romantische Flötenmusik. Die Musik, die sie auf selbst geschnitzten Pfeifen spielen, geht ins Ohr.

Die Bergvölker heiraten jung und nur innerhalb der eigenen Volksgruppe. Mit zwölf Jahren verlassen viele Mädchen bereits das Elternhaus und begeben sich in eine für den Beobachter fremde Welt, eine archaische Kultur, die zu verstehen nicht mehr als ein Versuch bleibt.

Der Mehrheit der Viet geht es mit dem Verständnis für die ethnischen Minderheiten nicht anders. Viele sprachliche und kulturelle Barrieren gibt es im eigenen Land. Auf dem ethno-linguistischen Plan Vietnams fällt auf, dass der fruchtbare Küstenstreifen von der Mehrheitsbevölkerung besiedelt ist, die anderen Volksgruppen leben in den ärmeren Bergregionen. Die Viet schenkten den Bergvölkern keine Beachtung; solange sie ihre Abgaben entrichteten und für die Freiheit des Landes kämpften, blieben sie unbehelligt. Auch die Minderheiten selbst unternahmen keine ernsthaften Versuche, in die Küstengebiete vorzudringen. Der gegenseitige Kontakt beschränkte sich auf Warenaustausch. So bewahrten sie weitestgehend ihre eigene Identität. Von den Viet wurden sie nicht ernst genommen, sie galten pauschal als »Wilde« und nicht als nationale Bevölkerungsgruppe.

Die kommunistische Regierung arbeitete nach der Wiedervereinigung des Landes am Mythos der vietnamesischen Nation unter Einschluss der Minderheiten. Grundsätzliche Gleichheit war das Ziel. Ethnischen Minderheiten, die über Jahrhunderte ihre eigenen Kulturen bewahrt hatten und selbst bestimmten, welche Einflüsse sie von ihren Nachbarvölkern annehmen wollten, sollte plötzlich eine ideologische Einheit aufgezwängt werden. Die vietnamesische Regierung arbeitet seit nunmehr über zehn Jahren intensiv daran, die Minderheitenvölker sprachlich und kulturell in den Staat zu integrieren. Obwohl die Verantwortlichen versichern, dass dadurch keine kulturellen Besonderheiten der vielen Völker Vietnams verloren gehen werden, leben manche Ethnien heute wie in Freilichtmuseen. Die Viet wollen Moderne, sie interessieren sich nicht für die rückständigen Minderheitenvölker. Die Regierung aber will ihren Lebensraum als Tourismusgebiet erschließen – ausschließlich in jenen Landesregionen übrigens, in denen die Angehörigen von Minderheiten nicht regimekritisch sind. Vielleicht unterstützt dieses Regierungsbemühen jedoch einen Bewusstseinswandel und zeigt, dass kulturelle Vielfalt nicht unwiederbringlich verloren gehen soll. Damit auch andere Generationen die Liebespoesie des Nordwestens miterleben können, weit über die eigenen Landesgrenzen hinaus.

Rückkehr nach Ngu Thuy

Schwarz-Weiß-Bilder reihen sich in rascher Szenenabfolge hintereinander. Als wäre die Zeit knapp. Kanonengeschosse krachen in der Tonqualität eines alten Filmes. Eine junge Frau rechnet konzentriert. Eine andere junge Frau kabelt die Kalkulation an die Front. Junge Mädchen, Kinder fast, die Haare in einen Knoten gesteckt, mit einer neckischen Haarspange fest gemacht und von einem weißen Haarband gehalten, schleppen sechzehn Kilogramm schwere Granaten heran, stecken sie in die Kanonen und feuern sie ab auf den Feind. Ein alter, dürrer, faltiger, zahnloser Mann sitzt mit weit aufgerissenem Mund im weißen Sand vor seiner Holzhütte und beklagt laut und schmerzvoll den Verlust eines Angehörigen.

Schnitt.

Junge barfüßige Mädchen in weiten schwarzen Hosen und in an der Taille geschlitzten Blusen tollen im Sand herum, lachen, buddeln Krebse aus dem Sand, spielen miteinander wie kleine Kätzchen, als wären diese Bilder keine Kriegsszenen. Doch gespielt ist in diesem Film nichts. »Mädchen von Ngu Thuy« ist ein in Echtzeit gedrehter Dokumentarfilm, aufgenommen während der stärksten Kampfhandlungen im amerikanischen Krieg.

Szenenwechsel.

Lo van Minh ist ein Journalist mit Ideologie. Bescheiden, würdevoll und aristokratisch in seinem Wesen, spricht er mit ruhiger Stimme und schaut dabei über seinen Brillenrand hinaus. Der charismatische Mann hat ein ernsthaftes Interesse an Menschen. Lo van Minh wurde in Dien Bien Phu geboren. Sein Vater war der letzte König der Thai-Minderheit, der anzahlmäßig größten ethnischen Minderheit im Nordwesten Vietnams, der Anfang des Jahrhunderts autonomes Gebiet der Thai war. Ein friedvolles Volk. Die Haare seines Großvaters seien so lang gewesen, berichtet er, dass er sich auf einen Stuhl stellen musste, wenn ihn seine Bediensteten kämmen sollten. Mehr als hundert Pferde besaß der Großvater und trieb Handel mit vielen Ländern außerhalb der vietnamesischen Landesgrenzen. Er sprach ein perfektes Französisch und war für die Franzosen ein wichtiger Übersetzer. Über die Vergangenheit seiner Familie spricht Lo van Minh nicht gerne und ersetzt den König durch das deutsche Wort »Häuptling«. Der König der Thai, sein Vater, schloss sich der Guerillabewegung Viet Minh im Kampf gegen den französischen Kolonialismus an. Lo van Minhs älterer Bruder fiel im Alter von achtzehn Jahren der französischen Guillotine zum Opfer. Die Mutter sowie Tochter und Lo van Minh wurden vom Vater daraufhin aus Sicherheitsgründen nach Hanoi gesendet. Lo van Minh kam später zur Schulausbildung nach China. Er war etwa neun Jahre alt, als die Viet Minh in der Schlacht von Dien Bien Phu die Franzosen besiegten und den Weg in die Unabhängigkeit des Landes vorbereiteten. Sein Geburtsdatum kennt Lo van Minh nicht. Denn damals wurden Geburten aufgrund der hohen Kindersterblichkeit nicht genau registriert. Geboren werden ist in Vietnam nicht bedeutsam, sterben weitaus mehr, weil es hier das Ende allen Leidens bedeutet. Über den Daumen gepeilt ist Lo van Minh heute zweiundsechzig Jahre alt und ein bekannter Mann in seinem Land. Er war der jüngste Dokumentarfilmemacher im Vietnamkrieg und hat mehrere Meilensteine der propagandistischen Kinematografie seines Landes geschaffen. Der 1969 gedrehte Dokumentarfilm »Mädchen von Ngu Thuy« über siebenunddreißig Partisanenfrauen wird international als Meisterwerk angesehen und wurde im Jahr 2002 im Museum of Modern Art in New York ausgestrahlt und gefeiert. Damals arbeitete Lo van Minh gesundheitsbedingt nicht mehr in der Filmemacherei, sondern war Leiter der künstlerischen Abteilung der Filmhochschule in Ho-Chi-Minh-Stadt.

Ursprünglich wollte Lo van Minh Maler werden. Auf der Hochschule der Schönen Künste in Hanoi studierte er nur wenige Monate, denn der Besuch eines gefeierten Professors desillusionierte ihn. Lo van Minh wollte ein besseres Leben als jener Maler in seiner kleinen, leeren Wohnung, der sein eigenes Hemd zum Reinigen der Pinsel benutzte. Zu seinem Glück wurden genau zur selben Zeit Kameramänner gesucht. Lo van Minh meldete sich ohne Vorkenntnisse zur Aufnahmeprüfung an. Er bestand sie nicht, doch dank der Fürsprache eines Onkels wurde der junge Mann trotzdem zum Studium zugelassen. Im Alter von zweiundzwanzig Jahren erlernte er somit die Kamera zu führen und wurde nach Ende des Studiums Kriegsjournalist. Er war etwa fünfundzwanzig Jahre alt, als er die nordvietnamesischen Soldaten als jüngster ziviler Kameramann in den Krieg begleitete und so auch mit seinem Assistenten im Fischerdorf von Ngu Thuy landete. Lo van Minhs Dokumentarfilm »Mädchen von Ngu Thuy« idealisiert den Freiheitskampf, so wie es nur jemand kann, der vom guten

Zweck überzeugt ist. Der Filmemacher dokumentiert den Kampfgeist und die Willenskraft.

Die Kriegsberichterstattung war auch aus technischer Sicht herausfordernd. Das Filmmaterial war limitiert, und Lo van Minh arbeitete strikt nach seinen Notizen, um das Zelluloid so effektiv wie möglich einzusetzen, filmte er Kader genau. Im Kampf wurde mit dem Filmmaterial großzügiger umgegangen. Es war das kostengünstigere Schmalfilmmaterial im Sechzehn-Millimeter-Format, das vorwiegend verwendet wurde, Video gab es damals nicht. Die Kollegen nannten Lo van Minh »toc toc«, einen Verrückten, der viele Male sein Leben für eine Kameraeinstellung riskierte. Aber er war nicht nur Kriegsreporter, sondern auch Kämpfer für die Unabhängigkeit seines Landes. Seine propagandistische Herangehensweise war weit entfernt von jener der amerikanischen Medien. Sein filmisches Dokumentieren diente nicht dazu, den Sieg zu zeigen, sondern die Entschlossenheit und Zielstrebigkeit, mit der die Soldaten und die Zivilbevölkerung vereint für ein freies Vietnam kämpften. Den Vorwurf des Propagandafilms scheint der ehemalige Kriegsberichterstatter gar nicht zu verstehen. So wurde eben damals gearbeitet. Es gab keine Alternative, ist seine Meinung. Es ging um die Verteidigung der Freiheit seines Landes. Nationalistische und sozialistische Propaganda waren selbstverständlich. Wie immer konnte nur ein Teil der Realität festgehalten werden.

Heute beschreibt Lo van Minh den Krieg als sehr qualvoll und ohne jeglichen Nutzen für die Bevölkerung. Worte, um den Krieg jemandem, der ihn nicht erlebt hat, zu erklären, gäbe es nicht. Lo van Minh erinnert sich, dass er während des Krieges in der Wüstenlandschaft von Ngu Thuy, die kaum Deckung bot, Kiefernbüsche ausgerissen und als Tarnung bei der Fortbewegung verwendet hat. Hatte der deutsche Kriegsberichterstatter Peter Scholl-Latour also doch richtig gesehen, als er in seinem Buch »Der Tod im Reisfeld« schrieb, es schiene ihm, als hätten sich im Vietnamkrieg sogar die Kiefernbüsche bewegt. Lo van Minh erzählt eine weitere Begebenheit. Von einem Dschungelstützpunkt aus konnte seine Kommandoeinheit ein kleines Lager mit nackten amerikanischen Soldaten beim Duschen beobachten. Zum Spaß schossen die Soldaten der nordvietnamesischen Einheit einmal in die Luft und amüsierten sich an der Panik und dem wilden Durcheinanderlaufen, das sie damit unter den amerikanischen Soldaten ausgelöst hatten. Doch komische Situationen wurden mit fortschreitender Kriegsdauer immer seltener. Einmal war Lo van Minh mit einer Kompanie auf dem legendären Ho-Chi-Minh-Pfad in Richtung Süden unterwegs. Eine Vorhut von Soldaten ging los, um die Sicherheit des Weges auf Minen zu untersuchen. Einer von ihnen hätte zurückkommen sollen. Doch nichts geschah, und so machten sich auch die zurückgebliebenen Soldaten auf den Weg. Sie fanden Schreckliches vor. Die ganze Vorhut war auf Minen getreten und lag kreuz und quer zerfetzt über den Weg verstreut. Alle waren tot. Lo van Minhs Gesicht bekommt einen angewiderten Ausdruck, wenn er davon spricht. Seine Uniform war von Blut durchtränkt, nachdem die dreißig Männer begraben waren. Als seine Uniform getrocknet war, war sie so steif, dass sie hätte alleine stehen können. Auch nach mehrmaligem Waschen des Gewandes im Fluss, ohne Seife und ohne Waschmittel, waren das Blut und der Geruch nicht aus dem Stoff zu kriegen. Ebenso wenig wie die Bilder aus seinem Kopf.

Dreißig Jahre nach Kriegsende brachten Lo van Minh seine Erinnerungen zurück nach Ngu Thuy. Auch dieses Mal kam er als Journalist. Die siebenunddreißig Mädchen der Artillerieeinheit von Ngu Thuy wurden zu Hause und im Ausland durch seinen Dokumentarfilm bekannt. Er wollte wissen, was aus der »heroischen Einheit« geworden ist.

»Rückkehr nach Ngu Thuy« sollte der Titel des zweiten Dokumentarfilms über die Partisaninnen sein. Viel hat sich im Fischerdorf seit Kriegsende nicht verändert, die Armut ist nach wie vor groß. Doch auch die Arbeitsweise des Kamerateams ist noch immer herausfordernd. Das Budget ist klein. Die Reise beginnt mit dem Nachtzug von der Hauptstadt Hanoi in die Provinzhauptstadt von Quang Binh nach Dong Hoi, eine Reise, die über zehn Stunden dauert. Gebucht sind sogenannte »Hardsleeper« für die zehnköpfige Filmcrew, Holzliegen im Zugabteil. Im Fahrpreis inkludiert ist pro Person die Nationalsuppe zum Frühstück. Zwar gekräftigt von der Suppe, dennoch wenig ausgeruht und mit steifen Gliedern, steigen alle am Bahnhof von Dong Hoi in Zentralvietnam aus. Ein Bus steht bereit und bringt die Filmleute zum Markt. Es müssen Nahrungsmittel für die Zeit der Dreharbeiten eingekauft werden, denn in Ngu Thuy gibt es keine Geschäfte, keine Restaurants, sondern nur Familien, die sich kaum selbst ernähren können. Auf der Einkaufsliste stehen: Toilettenpapier, ein Sack Reis, Mineralwasser, grüner Tee, Kekse, Fleischkonserven, Kerzen, Fertigsuppen, Nudeln. Vor der Weiterfahrt nach Ngu Thuy muss das obligatorische Programm in der Provinzhauptstadt erledigt werden.

Der Verantwortliche der Provinzregierung von Quang Binh wird am Abend aufgesucht und begrüßt. Er wohnt in einem nagelneuen mehrstöckigen, für vietnamesische Verhältnisse modern und teuer eingerichteten Haus. Der Gesandte des Filmteams übergibt die Geschenke, Zigaretten und Schnaps, stellt das Filmprojekt vor und bittet um Unterstützung für die Zeit der Dreharbeiten. Besonders einen Weitertransport nach Ngu Thuy sowie einen Schlafplatz im Militärlager von Quang Tri benötigt die Gruppe. Gemäß der Sitte berauschen sich alle Anwesenden mit Schnaps. Auch viele Zigaretten werden geraucht. Händeschütteln, auf die Schulter klopfen und Smalltalk gehört ebenfalls dazu. Es wird gelacht und nach angemessener Zeit, etwa nach zwei Stunden, geht es zurück ins Hotel.

Früh am Morgen führt die Busreise weiter nach Quang Tri. Bald bleibt der kleine Transporter stecken. Die Straße ist aus Sand, wenn es sie unter den Sandverwehungen überhaupt gibt. Bepackt mit Filmmaterial und Kameraausrüstung, den Essensvorräten und den privaten Gepäckstücken wäre der Fußmarsch sehr mühsam. Der Lenker eines entgegenkommenden Lastwagens mit seinen hohen kräftigen Rädern ist sofort bereit, das Filmteam mit Hab und Gut auf der Ladefläche durch das weiße Sandmeer zum Militärlager zu bringen. Doch auch der Lastwagen steckt bald fest, und die letzten Meter müssen zu Fuß zurückgelegt werden. Die schon in Ngu Thuy arbeitenden Filmleute eilen freudig aus dem Militärcamp entgegen, als wären sie monatelang an der Front gewesen und erhielten lang ersehnte Nachrichten von Zuhause. Sie packen mit an, bringen ein Fahrrad mit, auf dem Gepäck aufgeladen und durch den schwer befahrbaren Sand zum Camp geschoben wird. Der Kommandierende begrüßt alle, verteilt die Zimmer in dem ebenerdigen Betonhaus, in dem zwanzig Zimmer aneinander gereiht sind. Zwei männliche Crewmitglieder teilen sich jeweils ein Zimmer, die beiden Frauen bekommen getrennte. Eingerichtet sind die Zimmer mit einem Holzbett, einem Spiegel, einem Holzschemel und mehreren Nägeln in der Wand zum Aufhängen der Kleidung. Der temporär delogierte Offizier hat ein ausgeschnittenes Zeitungsbild einer unnatürlich stark geschminkten Vietnamesin auf der blau gekalkten Wand hinterlassen, der einzige Farbtupfer im Raum. Das glaslose Fenster hat ein Eisengitter davor, die Tür ist unversperrbar. Weniger luxuriös sind die Toilettenanlagen auf der anderen Seite des Camps. Plumpsklos aus Holz, eines neben das andere gereiht. Die Fliegen und der Gestank in diesem heißen Klima machen es zu einem Ort, den man lieber meiden würde. Die Duschkabine im Freien wurde eigens für den Besuch aus Hanoi errichtet, insbesondere für die Ausländerin, das wird betont. In der Militärkantine isst die Filmcrew ihre Abendmahlzeit. Es ist ein karges Gericht: eine Schale Reis, etwas Gemüse und Fischsoße. Satt macht es nicht, aber niemand erwähnt es.

Jeden Morgen um sieben Uhr bricht das Filmteam auf nach Ngu Thuy. Es ist ein Fußmarsch von zehn Kilometern. Ein ermüdender Gang durch den Sand, in dem man einsinkt und umknickt. Drei Schritt vor und zwei zurück, so erscheint der Fußmarsch am ersten Tag. Und auch an den folgenden Tagen ist es nicht besser. Die schwere Kameraausrüstung wird jeden Tag zu den Dreharbeiten mitgeschleppt, in der Früh ins Dorf, am Abend zurück ins Camp. Manchmal wird sie auf dem Gepäckträger eines klapprigen Fahrrades geschoben, was ein wenig Kraft spart. Trotz der noch immer großen Anstrengungen für das Filmteam ist eines im Vergleich zur Arbeit während des Krieges einfacher geworden: Heute erfolgen die Dreharbeiten auf Video. Das Material muss nicht mehr kalkuliert werden. Das Drehbuch stammt auch dieses Mal von Lo van Minh.

Bei der Ankunft im Dorf kommen uns Kinderscharen entgegen. Sie laufen barfuß im brennend heißen Sand. Einige von ihnen sind nackt. Ihre Gesichter und Hälse sind voller Hitzeausschlag, ihre Kopfhaut ist mit Schorf bedeckt. Vor dem einzigen Geschäft, das Kekse, Bonbons, Salz, Petroleum, Notizhefte und Kugelschreiber verkauft, warten die ersten beiden Kameradinnen aus der damaligen Zeit. Sie erheben sich von ihren niedrigen Plastikstühlen und gehen Lo van Minh mit ausgestreckten Armen entgegen. Für sie ist er »der gute Geist von Ngu Thuy«. Sie halten und klopfen seinen Arm. Und während sie alte Geschichten ausgraben, verjüngen sich die noch immer schönen Gesichter der Fünfzigjährigen, in denen schwarze Augen lebhaft funkeln. Der Kameramann Herr Thuoc hängt wie ein kleines, in Khaki gekleidetes Äffchen auf dem dürren Kiefernbusch und filmt die Ankunft der Partisaninnen im Haus einer Widerstandskämpferin. Zwei Soldaten tragen mit Seilen auf einer Bambusstange befestigt den aus Hanoi mitgebrachten Fernsehapparat und ein Stromaggregat, denn Strom gibt es im Dorf nicht. In Ngu Thuy ist es das erste Mal, dass ein Fernsehapparat auftaucht. Lo van Minh kann den früheren Kameradinnen und den einstigen Widerstandskämpferinnen mit Hilfe einer Videokassette erstmals den Film zeigen, deren Mittelpunkt sie waren. Dies geschieht in einer Bretterhütte, die auf weißem Sand steht. Lo van Minh sitzt auf der Holzpritsche, die Frauen, die in der Hütte Platz finden, sitzen im Schneidersitz am Boden. Alle anderen stehen vor der Hütte und versuchen ein wenig dieser Geschichte mitzuerleben. Die Frauen tragen ihre beste Kleidung, pink-, violett-, himmelblau- und gelbfarbene *ao ba ba* aus Polyester, Großmutterhemden mit rundem Ausschnitt, geknöpft und mit kleinen aufgenähten Taschen an der Vorderseite zu weiten dunklen Hosen. Aufmerksam verfolgen sie die Kampfszenen und deuten auf die jungen Frauen am Fernsehschirm. Es scheint fast, als ob ein kleiner Hauch von Stolz über ihre Gesichter huschte.

Eine völlig andere Geschichte wird der zweite Dokumentarfilm »Rückkehr nach Ngu Thuy« sein. Von Propaganda keine Spur. Die Frage nach der ehemaligen Sowjetunion ist im Drehbuch geplant. Eine österreichische Frau wird in die Dokumentation eingebaut. Kinderscharen rufen ihr »Ba Linh So« zu, russische Frau, denn die Russen waren jahrelang die einzigen Ausländer, die in Vietnam zu sehen waren. Im Film sieht es dann so aus, als dächten die Bewohner von Ngu Thuy, die Ausländerin sei aus Russland. Und als eine der Partisaninnen die Frage gestellt bekommt, was sie über die heutige Sowjetunion wisse, antwortet diese: »Soweit ich weiß, ist die Sowjetunion das führende Land im sozialistischen Block und die Festung der Weltrevolution.« Die anderen Frauen lachen. Schon lange wissen alle, dass die Sowjetunion kein kommunistisches Land mehr ist. Diese Szene ist eine stille Kritik am politischen System Vietnams und wurde bewusst ins Filmskript eingebaut. Die Menschen in

Ngu Thuy wissen Bescheid, auch ohne Strom für Fernsehen und ohne Zeitungen.

Ein Drehtag in Ngu Thuy ist anstrengend. Die Mittagshitze ist so groß, dass sich das Filmteam nach dem Mittagessen, das eine ehemalige Partisanin in ihrem Haus aus den mitgebrachten Fertiggerichten zubereitet, auf den gekachelten Boden zum Mittagsschlaf hinlegt. Erst einige Stunden später hat sich die Sonne etwas gemäßigt, sie brennt nun nicht mehr Wunden in die Haut, aber die Luft ist aufgeheizt, wie in einem Backofen. Jetzt können die Dreharbeiten fortgesetzt werden.

Für die Filmcrew geht es am Abend am Strand entlang zurück zum Camp. Die Landschaft ist so schön, das Erlebte so bewegend, die Hitze so groß, dass alle sprachlos vor sich hin gehen. Plötzlich legen alle eine Badepause ein, springen übermütig ins glasklare Meerwasser, kühlen sich ab, schlüpfen dann zurück in ihre Kleider und freuen sich auf das harte Bretterbett zum Ausruhen. Es ist ein Déjà-vu und erinnert an jene Filmszene aus »Mädchen von Ngu Thuy«, als sie lachend und verspielt die Krabben aus dem Sand buddelten. Auch was folgt, erinnert an Passagen der Kriegsdokumentation. Der Regisseur von »Rückkehr nach Ngu Thuy«, Le Manh Thich, hat einen Asthmaanfall und lässt sich in den Wüstensand fallen. Der unterdrückten, dennoch erkennbaren Besorgnis folgt keine Unruhe. Da zeigt sich der Fatalismus von Menschen, die in einem Entwicklungsland aufgewachsen sind. Rundum ist hier nichts, kleine Kiefernbüsche wachsen, weiße Leere, hie und da ein großer Bombenkrater und noch mehrere Kilometer weglosen Fußmarsches bis zum Lager. Die Sonne ist schon untergegangen, die einbrechende Dunkelheit färbt allmählich den Sand grau. Mit Ruhe hocken sich gleich alle zum Regisseur auf den Boden und bilden rund um ihn sowohl einen körperlichen Schutzwall als auch einen mentalen. Sie sprechen Le Manh Thich gut zu, geben ihm Zeit zur Erholung – Hektik bricht nicht aus. Mehr könnten sie in dieser infrastrukturlosen Gegend ohnedies nicht tun. Die Energie der Filmcrew kann man beinahe angreifen, und jener menschliche Zusammenhalt wird fühlbar, den die Vietnamesen seit Kriegsende untereinander vermissen.

Das Militärlager ist nach der Rückkehr schon finster. Abendessen gibt es keines mehr. Die Arbeit für die vietnamesische Filmcrew war auch heute wieder hart. Dennoch ist seit dem Krieg vieles einfacher geworden. Damals wurde von der ohnehin schon winzigen Lebensmittelration Reis ein Teil abgezweigt, geröstet und in Plastikbeuteln zum Filmmaterial gegeben, um es vor der hohen Luftfeuchtigkeit zu schützen. Die Filme wurden so in der Erde vergraben und die Artillerie wusste Bescheid, wo diese Stelle war, um sie weiterzuleiten. Oft dauerte es mehrere Monate, bis gedrehtes Filmmaterial zur Entwicklung nach Hanoi gelangte. Für »Rückkehr nach Ngu Thuy« wird das anders sein. Trotzdem hat das Filmteam Verlustängste. Zurück im »Center for Documentary and Scientific Film« in Hanoi wird der strenge rote Stift der Zensur entscheiden, welche Bilder und Botschaften aus Ngu Thuy die fernsehenden Menschen Vietnams erreichen werden. Obgleich die Zensur für das gesamte Filmteam ein Reizthema ist, sehen sie darin andererseits eine Herausforderung, die Kritik so sensibel zu verpacken, dass sie der staatlichen Kontrolle entgeht und von der vietnamesischen Bevölkerung dennoch verstanden wird.

Lo van Minh nennt die Kriegsperiode die heroischste Zeit seines Landes und ist stolz darauf. Nie mehr danach waren die Vietnamesen derart mobilisiert und einig, wie im Kampf für die Unabhängigkeit und die Freiheit ihrer Heimat. Nie mehr gab es im vietnamesischen Volk so viel Solidarität wie im Kampf gegen die Amerikaner. Lo van Minh teilt die Ansicht des ehemaligen Premierministers Pham van Dong, dass für die Vietnamesen der Krieg sehr kostbar sei und sie dadurch den Wert des Friedens verstünden. Vietnam hat für seine Unabhängigkeit teuer bezahlt. Mit einer gewissen Bitterkeit werden die einstige Einigkeit und der Zusammenhalt unter den Soldaten und der Zivilbevölkerung vermisst. Heute gibt es in Vietnam wieder auf der einen Seite die Armen, auf der anderen die Vermögenden.

Lo van Minh ist immer noch kommunistisches Parteimitglied, nur so kann er den Journalismusberuf ausüben. Achtzig Prozent seiner Dokumentarfilme wurden nie gezeigt, sie verschwanden im Archiv. Dort sind sie im feuchten subtropischen Klima dem Verfall preisgegeben. Es ist schwer vorstellbar, dass die Regierung Interesse daran hat, dokumentierte Kritik der Nachwelt zu erhalten. Die Dokumentation »Rückkehr nach Ngu Thuy« ist davon allerdings nicht betroffen. Auch der zweite Film über Ngu Thuy hat einen internationalen Preis gewonnen, bei den ASEAN Filmfestspielen. Und das trotz vieler zensierter Passagen.

Kommerz
R-Bizz und die grüne Revolution

Wenn es vor mir auftaucht, dieses Grün, dieses ausgelassene, wahnwitzige, erquickende Grün, das ich nirgendwo sonst in einer derartig frivolen Intensität erfahren habe, dann bin ich angekommen in Vietnam, dort wo ich nicht geboren bin, aber wo ich mich zuhause fühle.

Schon zu beiden Seiten der Flughafenstraße sind die Reisfelder zu sehen. Doch in diesem städtischen, wild befahrenen Lebensraum, mit vorbeidonnernden, Staub aufwühlenden Lastwagen, überfüllten und sogar am Dach voll bepackten Autobussen, die aus den Nähten zu platzen drohen, prall beladenen Ochsenkarren und Tausenden Mopeds überzieht sie ein schmutziger Erdnebel. Aber im Landesinneren sehen sie aus, wie man sie im Chinesischen als Schriftzeichen schreibt. Dort säumen sie die engen Landstraßen, und dort wird ihr Nährboden in der geruhsamen Eile der Jahreszeit vorbereitet. Es ist auf dem Land, wo der Bauer noch den Wasserbüffel, den *con chau*, vor den Pflug spannt, um die Erde für die Sprösslinge locker zu machen. Der Holzpflug und der Wasserbüffel – sie tun nicht weh, rammen kein hartes Metall in den erdigen Mutterleib, sondern werden vom Bauern selbst geleitet, dessen ganzer Stolz der Wasserbüffel ist, die wichtigste Anlage und das Kapital der Familie, er kostet schließlich eine Million Dong, siebzig Euro. Ja, das Vermögen beginnt mit einem Wasserbüffel, sagt ein vietnamesisches Sprichwort.

Landwirtschaft ist dort gewaltlos, wird noch mit einem Gefühl betrieben, das in der Natur wurzelt. Der Herr schilt nicht seinen Wasserbüffel, denn er weiß, wie sehr er ihm bei der Arbeit hilft. Viele unermüdliche Runden geht das üppige Tier auf dem ausgedehnten Reisfeld voran, wenn der Bauer mit dem Holzpflug die Furchen in den Boden gräbt. Der Büffel ist sein Freund, der ihn anschaut wie eine verliebte Frau. Miteinander sind sie ein Gespann, das vom Säen bis zur Reisernte unzertrennlich ist. Auf ihm reiten die Kinder, wenn er frei hat, der Wasserbüffel, treiben mit ihm Späße, wie mit einem jungen Hund. Es scheint, als ertrüge er dies alles mit stoischem Gleichmut nur für den einen Moment, in dem er nach der Arbeit in einem Tümpel liegen darf und dann nur seinen Kopf auf der Wasseroberfläche treiben lässt oder vielleicht sogar von seinem Gefährten mit Eimern kalten Wassers begossen wird, während er selig verträumt kaut und sich durch nichts aus der Ruhe bringen lässt. Sind seine kraftvoll gebogenen Hörner etwa nur der Schein eines mächtigen Tieres? Nicht, wenn sich ihm ein Fremder nähert. Dann sieht man Panik in seinem Gesichtsausdruck. Der sensible Wasserbüffel wirkt schon zerbrechlich. In Angst senkt er seinen Kopf und droht mit verteidigender Mine den Missachter der Privatsphäre auf seine Hörner zu nehmen.

Wenn das Nieseln des vietnamesischen Frühlings nachlässt, die graue Feuchtigkeitsdecke den hitzigen Sonnenstrahlen Raum gibt, dann wird die starre Erde der Felder durch ein ausgeklügeltes Bewässerungssystem mit Wasser überflutet. Noch bevor die Sonne über den Horizont blinzelt, versammeln sich Frauen und Kinder mit bis über die Knie hochgekrempelten Hosen im sumpfigen Wasser, in dem die ausgesäten Jungpflanzen des Rispengrases umgesetzt werden, die sie zuvor aus dem besten Samen der letzten Reisernte von Hand gesät haben. In die frisch gepflügten Reisfelder stecken sie nun kleine Büschel von mehreren Keimlingen in regelmäßigen Abständen in die Erde. Es ist eine ruhige, aber beschwerliche Arbeit, der vorwiegend Frauen und Kinder gebückt nachgehen. Um den kleinen Arbeitern das Verständnis dafür näher zu bringen, erzählen ihnen die Mütter, warum ihre Mithilfe notwendig sei: Vor langer Zeit war es in Vietnam nicht Sitte, die Reisfelder zu bestellen. Stattdessen wurde der Reis durch Gebete, Kerzen und Räucherwerk angerufen bis er in Form eines riesigen Balles herbeirollte. Eines Tages befahl ein Ehemann seiner faulen Frau als Vorbereitung für den kommenden Reis den Boden zu kehren. Aber sie zauderte lange, und der Boden war noch immer nicht fertig ausgefegt, als die beschwörenden Gebete ihres Ehemannes erhört wurden. Unvorbereitet auf das plötzliche Heranrollen des Reisballes erschrak sie und schlug dadurch mit ihrem Besen darauf, sodass er in tausend kleine Stücke zersprang. So kam es, dass seit dieser Zeit nun aller Menschen Hände zusammen helfen und die Reisfelder selbst bestellen müssen.

Seit jener Zeit aber sieht die Arbeit mit dem Reis anders aus. Je nach gepflanzter Sorte wird das junge Grün vorerst bis zu zwei Meter hoch. Zeitweise wachsen die Pflanzen in stehendem Wasser, wofür meist Felder mit leichtem Gefälle angelegt werden, sodass diese je nach Bedarf mit Wasser geflutet und nach der Blüte wieder geleert werden können. Kein Gesang begleitet die Setzarbeit, nur die schnatternde Entenschar durchbricht das monotone Schaffen.

Geschäftig tauchen die Enten im Wasser des Reisfeldes ihre Köpfe unter und holen schmackhafte Schnecken, die das größte Schädlingsproblem für die Reisbauern darstellen, aus dem Wasser. Jungen fischen mit geflochtenen Körben gewöhnliche Karpfen, die in den Reisfeldern gezüchtet werden. Sie erfüllen einen mehrfachen Zweck. Sie kontrollieren die unliebsame Schneckenpopulation, ergänzen die Nahrung um eine proteinreiche Kost und stellen beim Verkauf auf dem Markt eine zusätzliche Einkommensquelle für die Reisbauern dar. Diese biologische Schädlingsbekämpfung wird seit einigen Jahren von staatlichen und privaten Reisforschungsinstituten durch Schulungen gefördert, weil man dadurch der Verwendung von lokalen chemischen Pflanzenschutzmitteln und Insektengiften, die in den Industriestaaten sogar oft verboten sind, entgegenwirken will.

Was fertig bestellt vorerst wie ein dünn bewachsenes Feld mit fragilen Grasbüscheln aussieht, wächst sich im Laufe der kommenden Monate zu einem sattgrün strotzenden Reisteppich aus, einer grünen Revolution. Das war in Vietnam nicht immer so, obwohl der Ackerbau schon seit jeher auf Reis basierte. Als ehemals eines der wichtigsten reisexportierenden Länder der Welt, musste Vietnam über zwanzig Jahre lang Reis importieren. Denn trotz der seit den sechziger Jahren des letzten Jahrhunderts verbreiteten Neuzüchtungen widerstandsfähigerer und schneller wachsender Reissorten, blieb die Reisproduktion gering. Der Krieg war ein Grund. Der andere die danach folgende Agrarpolitik, die den Reisanbau organisierte. Diese Politik regte die Bauern, wie auch in anderen kommunistischen Ländern nicht zu einer Erhöhung der

Produktion an. Das Ergebnis war ein Versorgungsengpass mit dem wichtigsten Nahrungsmittel. All das änderte sich 1988 durch eine begrenzt zugelassene Marktwirtschaft, in der die Regierung den Reisbauern einen kleinen Teil des Landes zur privaten Nutzung überließ. Schon 1989 veränderte diese Maßnahme die Lage. Seither exportiert Vietnam wieder Reis. Dieser wird in den beiden Reiskammern des Landes im nördlichen Delta des Roten Flusses und im südlichen Mekong-Delta auf sechs Komma sieben Millionen Hektar und somit zweiundachtzig Prozent des bebaubaren Landes angebaut. Im Mekong-Delta sind aufgrund der Bodenbeschaffenheit, des Klimas und durch den Einsatz moderner Reistechnologien und Bewässerungsvorrichtungen, drei Ernten pro Jahr möglich. Grundbedingung für eine gute Reisernte ist das Wasser, es kann jedoch auch zu ihrem Albtraum werden. In der Regenzeit kommt es vor, dass der Mekong in der südlichen Reiskammer oder der Rote Fluss im Norden durch den heftigen tropischen Monsunregen über die Ufer tritt und weite Landesteile wochenlang überflutet. Solch eine Naturkatastrophe hat schon so manche Ernte zerstört.

Wenn die Natur mitspielt, ändern die Reisgrasbüschel abhängig von ihrer jeweiligen Entwicklungsstufe in den Reifemonaten ihre Farbe, gleichen sich wie ein Chamäleon der sich wandelnden Jahreszeit an. Die üppig grüne Sumpflandlandschaft verändert sich in ein goldfarbenes Getreidefeld, dessen Ähren alles Nass in sich aufgesogen haben und die dennoch trocken sind wie Steppengestrüpp. Nach vier bis sechs Monaten, in denen von den Bauern ruhelos das Unkraut gejätet, Grashüpfer, Raupen, Käfer und Schnecken bekämpft werden, bleibt auch das glitzernde Wasser aus, die Erde wird brüchig, das Korn verlangt nach seiner Ernte.

Ist spätestens jetzt das Geheimnis der asiatischen Gruppendynamik gelüftet? Liegt in der Nassreiskultur der Schlüssel dafür? Das gesamte Jahr über verrichten die Reisbauern, die zugleich Nachbarn und Arbeitskollegen sind, gemeinsam ihre Arbeit auf dem Feld. Dies erfordert Gruppeninteresse, gemeinsame Entscheidungen und die Vermeidung von sozialen Reibungen. Obendrein ist die Dorfarchitektur nach dem Grundnahrungsmittel Reis ausgerichtet. Die Felder schließen nahtlos an die Dörfer an. So nutzen die umliegenden Familien dieselben Wasserquellen und Bewässerungseinrichtungen. Nicht nur ihre Fähigkeiten teilen die Bauern, sondern auch ihr Schicksal. Sogar die Gräber ihrer Verstorbenen befinden sich in der Erde der Reisfelder. Sie sind Nahrung und Grab zugleich.

Langärmelig bekleidet und geschützt gegen den juckenden Reisstaub, treten die Bauern zur Erntezeit mit Sicheln und Messern ausgerüstet an, um das Getreide vom Boden zu trennen.

Die Dreschvorrichtungen werden direkt im Feld aufgebaut. Wie kleine von Brettern eingezäunte Wannen, die mit Planen oder selbst geflochtenen Matten ausgelegt sind, sehen sie aus. Auf einem von hinten aufgespreizten Laden werden die Ähren der Reishalme mit Menschenkraft geschlagen, bis die Reiskörner in die Wanne fallen. Das übrig bleibende Reisstroh wird als Heizmaterial und Viehfutter verwendet, und die Reiskörner werden auf der Straße und im Vorhof des Hauses in der Sonne ausgelegt. Ochsengespanne und Autos fahren über Reisstraßen und trennen in manchen Gegenden die Spelzen vom Korn. An einem anderen Ort werden die getrockneten Reiskörner entweder händisch in Mörsern entspelzt oder in Mühlen gebracht. Dort werden sie ebenfalls poliert. So nährstoffreich ist der polierte Reis nicht mehr, dafür aber ästhetisch weiß und für den Verkauf auf dem lokalen Markt oder den Export bereit.

Vietnam ist mit über dreieinhalb Millionen Tonnen nach Thailand und den USA heute der drittgrößte Reisexporteur der Welt. Reis stellt nach Weizen die am häufigsten angebaute Getreideart der Welt dar. Die Hälfte der Weltbevölkerung, fast zweieinhalb Milliarden Menschen, deckt zurzeit ihren täglichen Energiebedarf mit Reis. Es wird prognostiziert, dass es im Jahr 2025 vier Milliarden sein werden – und der Reisverbrauch um siebzig Prozent steigen wird. Neun Zehntel des weltweiten Reisertrags werden heute im asiatischen Raum produziert, neue Anbauflächen gibt es kaum noch. Eine Steigerung scheint nur durch die Züchtung von Hochleistungspflanzen möglich, deren Samen mit dem Argument der Bekämpfung der Armut den Bauern von Saatgutunternehmen jährlich verkauft wird. Die früher traditionell angebauten Reissamen werden aus Produktivitätsgründen kaum noch verwendet, und daher werden ihre Samen auch nicht gesammelt. Die Bauern säen sie nur mehr vereinzelt auf einem kleinen Teil des Feldes für den privaten Verbrauch und um daraus Reiskuchen für religiöse Feste herzustellen. Über tausendachthundert unterschiedliche Reissamen, die früher in Vietnam gesät wurden, werden heute in der Keimbank des Internationalen Reisforschungszentrums aufbewahrt. Fraglich bleibt, ob sich die traditionelle Hoffnung der vietnamesischen Reisbauern, die sich in folgendem Gedicht ausdrückt, je erfüllen wird: »Lass uns das Land bebauen und die Reispflanzen setzen, der Schmerz von heute wird für den Wohlstand von morgen bezahlen.«

Produktivitätsoptimierung zur Verpflegung der wachsenden Weltbevölkerung ist nicht nur eine Herausforderung für internationale Forscher und die Politiker der Welt. Sie ist auch ein Anliegen der Reisbäuerinnen, die nach der eingebrachten Reisernte keinen Urlaub machen oder sich wenigstens ausruhen. Ein Kilogramm Reis verkauft sich am Markt um dreißig Cent. Das macht nicht reich – eine weitere Arbeit ist notwendig, um die Familienhaushaltskasse aufzubessern. Deshalb heuern die Bäuerinnen nach der Saison am Reisfeld beim Straßen- und Häuserbau an. Sie schleppen mit ihren zarten, zerbrechlich wirkenden Körpern Erde und Ziegel zu den Baustellen, verrichten klassische Männerarbeit und verdienen so das Schulgeld für ihre Kinder. Auch die Touristen- und Exportgeschäfte aus der Stadt erteilen den Bäuerinnen ihre Aufträge: Bett- und Tischwäsche, edle seidene Abendhandtäschchen und den Besatz von Taftroben sollen sie händisch besticken. In der »Zwischensaison« ist Zeit dafür, aber nur so lange, bis sich das Land für die nächste Reispflanzung erholt hat.

Wie oft denkt wohl die andere Hälfte der Weltbevölkerung beim Verzehr ihrer Schale Reis an dieses vietnamesische Gedicht?

Du, der du eine Schale Reis isst,
spürst du in den duftenden Körnern,
all die Mühe, die es mich gekostet hat ihn anzubauen?

Kaffee, Tee und ein Dorf für die Toten

Tay Nguyen mit den Provinzen Lam Dong, Dak Lak, Kontum und Gia Lai gehört zu jenem Landesteil an der kambodschanischen Grenze, der touristisch wenig gefördert wird. Das ist für einen Besucher unverständlich. Denn das Zentrale Hochland Vietnams ist bekannt für sein frisches Klima, die schönen Bergszenerien, die zahlreichen Bäche, Wasserfälle und Seen und einen Kosmos vieler Mikrokulturen innerhalb einer bereits fremden Kultur. In Tay Nguyen leben geschätzte dreißig der sechsundfünfzig verschiedenen Minderheitenvölker Vietnams. Sie stellen etwa ein Drittel der 1,4 Millionen Gesamtbevölkerung von Tay Nguyen dar.

Von den französischen Kolonialherren wurden die Angehörigen der Minderheitenvölker des Zentralen Hochlandes *montagnards* genannt, Bergvölker. Eines von ihnen, das Volk der Giarai, ist beispielsweise bekannt für seine außergewöhnlich schöne Musik, Poesie, Architektur und seinen Totenkult. Doch all das kennen zu lernen, ist mehr als eine Herausforderung. Reisende in der Region erzählen viel über lästige Polizeikontrollen, die Präsenz von Militär und die Notwendigkeit einer behördlichen Reiseerlaubnis. Der Besuch eines Dorfes auf eigene Faust ist in Tay Nguyen verboten, so lautet die offizielle Weisung der Regierung: Die ethnischen Minderheiten sind vor äußeren Einflüssen zu schützen. Dessen ungeachtet erlaubt das staatliche Reisebüro Buchungen im Kostenrahmen von zweihundert Euro pro Tag in festgelegte Vorzeigedörfer. Für individuelle Wünsche bleibt während eines solchen Ausflugs wenig Raum, bürokratisch ist der Reiseplan: Abfahrt acht Uhr. Rückreise fünf Uhr. In Begleitung eines indoktrinierten Reiseführers, der erzählt, was nach außen dringen darf und die Zensur erlaubt. Die Geschichte der *montagnards* aus staatlich regulierter Hand.

Dreißig Kilometer von der Provinzhauptstadt Pleiku entfernt liegt Pleiphun, ein Giarai-Dorf inmitten von Kaffeeplantagen. Herr Chuch wurde vom regierenden Altenrat zum »Dorfältesten« gewählt und vertritt sein Dorf nach innen und nach außen. Die Höflichkeit befiehlt es, sich als Fremder vor Besuch des Dorfes bei Herrn Chuch anzumelden. »Panaa«, leise spricht der Dorfälteste dieses Wort, begleitet von einem Kopfnicken und einem Lächeln der Augen. In seiner Sprache bedeutet es »Guten Tag«. Ganz weich, sehr sanft klingt die Sprache, die Herrn Chuchs Mund mit den gefeilten Vorderzähnen entfließt, die dem Schönheitsideal der Giarai entsprechen, wie ein knochenloses Gedicht, in dem keine harten Töne vorkommen. Der Name eines Giarai-Dorfes stammt oft von einem Fluss oder einem ehemaligen Dorfoberhaupt. Der hochklappbare Hauseingang aus Bambusgeflecht ist nach Norden ausgerichtet, das Haus von einem Zaun geschützt. In der Ortsmitte steht das Gemeinschaftshaus, *nha rong*. Es ist zugleich Parlament, Gericht und Treffpunkt für die Dorfaktivitäten der Giarai. Die Giarai wurden im siebten Jahrhundert erstmals als Siedler im Zentralen Hochland Vietnams erwähnt. Eigentlich ein Fischervolk, das sich an der vietnamesischen Küste niedergelassen hat und Schritt für Schritt ins Landesinnere zurückgedrängt wurde, ist es malayo-polynesischen Ursprungs und gehört auch jener Sprachgruppe an. Die Giarai sprechen nur vereinzelt die vietnamesische Sprache. Vielleicht ist auch das ein Grund, dass sie sich ihre eigenständige Kultur bewahrt haben. Das Fischervolk erkennt man noch an der Architektur seines Gemeinschaftshauses, dessen Dach wie ein riesiger umgedrehter Fischkutter aussieht. Das *nha rong* selbst steht auf Stelzen, wie alle Häuser, denn sonst könnte es während der Regenzeit im Schlamm versinken. Wenn das *nha rong* neu ist, ist sein hohes, steiles Dach mit Blech gedeckt, wenn es schon lange auf dem Dorfplatz steht, dann ist sein Dach noch aus Holz oder Stroh.

Bei den Giarai herrscht die Frau. Es ist die Mutter, die ihren Namen an die Kinder weitergibt; von ihr erben die Töchter. Alle vier verheirateten Töchter von Herrn Chuch wohnen im Haus der Mutterfamilie, einem typischen Langhaus der Giarai. Eine treppenähnliche Leiter führt in die Wohnräume. Je nach Anzahl der Töchter werden die Langhäuser durch einen Anbau gestreckt; jeder Giarai-Tochter steht ihr eigener Wohnbereich im Mutterhaus zu. Es sind die Ehemänner, die nach der Hochzeit in das Haus der Schwiegermutter einziehen. In einem Giarai-Haus hat jede Teilfamilie ihre eigene Kochstelle, im lang gezogenen Hause Chuch sind es demnach fünf. In ihrem animistischen Glauben ist der Feuergott der wichtigste Geist. Dieser Feuergott ist ein lebendiger Mensch, ein Schamane, dem bestimmte Kräfte nachgesagt werden. Jeder benötigt ihn. Damit sein täglicher Schutz bei allen in der Familie ist, kocht jede Tochter ihre eigene Mahlzeit und achtet darauf, dass das Feuer nie erlischt.

Ebenso erfolgt die Beschaffung der Nahrung durch jede einzelne Teilfamilie. Die Basis dazu hat die Tochter von der Mutter geerbt: das Reisfeld und zwei Speicherhäuser. Es sind kleine Holzhäuser, die im Garten unter den riesigen Mangobäumen stehen. In einem wird Reis aufbewahrt, im anderen die übrigen Nahrungsmittel: Bohnen, Kürbisse, Früchte, *kassava*. Die Giarai kennen auch die Viehzucht. Sie halten Kühe, die hässlichsten langbeinigen, nackten Hühner und die hübschesten kurzbeinigen, rosahäutigen, schwarz behaarten Schweine der Welt. Neben dem Besitz von Tieren, zeigt sich der Wohlstand einer Familie in der Anzahl ihrer bronzenen Gongs und großen Tonbehälter, die zumeist für die Nahrungsaufbewahrung getöpfert werden. Im Hause Chuch gibt es zwanzig meterhohe, schwarzbraun verzierte Tongefäße, deren lang gezogener Bauch sich in einen kurzen Hals samt Öffnung verjüngt. In diesen Tongefäßen wird Gemüse eingelegt, Fruchtsirup gemacht oder Reiswein angesetzt, den die Giarai für die unterschiedlichen Zeremonien und Feste benötigen. Bei einem Fest biegen sich dreißig, vierzig und noch mehr zwei Meter lange dünne Bambusstrohhalme aus dem Tonbehälter. Gleichzeitig schlürfen so viele Gäste den Reiswein, wie Platz um das Gefäß mit dem Inhalt finden.

Die Tongefäße der Giarai sind auch wichtige Grabbeigaben, wie überhaupt ein Giarai-Begräbnis von sehr komplexen Ritualen begleitet wird und teuer ist. Für die Giarai bedeutet der Tod den Beginn eines anderen Lebens. In ihrer Glaubensvorstellung existieren viele Geister. Sie wohnen in den Bäumen, Pflanzen, Flüssen, im Wind, im Feuer, überall, rundherum. Die Giarai glauben, dass sich ein Verstorbener in einen Geist verwandelt und den Vorfahren in eine andere Welt folgt. Die Hinterbliebenen vollziehen eine Reihe von Ritualen, um ihre

Liebe, ihre Trauer und ihren Respekt vor dem Toten zu bekunden und den endgültigen Weggang aus dieser Welt vorzubereiten. Trotz dieser Harmonie kommt es vor, dass sich Hinterbliebene mit einem Messer die Haut aufritzen, oder den Kopf gegen einen Baum schlagen, um so ihren tiefen Schmerz über den Verlust eines Angehörigen auszudrücken. Zugleich wird alles getan, damit sich der Tote in seiner neuen Welt wohl fühlt.

Diese neue Welt wird sichtbar im Dorf der Toten. Nach einer Trauerzeit von zwei bis drei Tagen, in der der Tote gewöhnlich im Haus aufgebahrt ist, wird er in ein Leintuch gewickelt auf einer Bahre in das Dorf der Toten gebracht. Trauermusik begleitet den Leichenzug. Auf halbem Weg vom Dorf der Lebenden zum Dorf der Toten drehen sich die Träger der Leichenbahre einmal im Kreis. Der Tote soll die Orientierung verlieren, sein Geist den Weg in das Dorf der Lebenden nicht mehr finden. Das Dorf der Toten ist dem der Lebenden ähnlich, auch die Toten erhalten ihre Häuser. Sie werden über der Begräbnisstätte errichtet, wo der Verstorbene in einem hohlen Baumstamm bestattet wird. Früher durften nur die Verwandten der mütterlichen Linie in dasselbe Grab, später wurden auch die Schwiegersöhne zugelassen. Wenn das Grab nach etwa vierzehn Beisetzungen voll belegt ist, wird darüber das Begräbnishaus errichtet. Seine Bauweise gleicht jener der Häuser im Dorf der Lebenden. Szenen aus dem Alltagsleben der Giarai dekorieren die blechernen Abschlussbordüren des Totenhausdaches: Menschen mit Feldgeräten oder Musikinstrumenten, Tiere, Kinder. Und wie im realen Leben wird den Toten vom persönlichen Reichtum ein Teil mit ins Grab gelegt, Tongefäße und Gongs. Ab nun erhält der Verstorbene von seinen Angehörigen über einen Zeitraum von drei Jahren drei Mal täglich Essen. Bei jeder neuen Essensdarreichung ist die vorherige schon aufgegessen – vom Geist oder von den wilden Tieren? Wenn das Grab voll ist, wird die Begräbnisstätte für immer aufgegeben. Dann wird ein pompöses Fest abgehalten, zu dem im Dorf der Toten ein Büffel geschlachtet und auf offenem Feuer gegart wird. An dieser letzten Zeremonie nehmen auch die Bewohner der umliegenden Dörfer teil, sie musizieren, tanzen, singen und trinken viel Reiswein aus den großen Tongefäßen. Diese letzte Verabschiedung dauert bis zu einer ganzen Woche, es ist ein Taumel der Trunkenheit, des Leides und der Freude zugleich. Wenn dieses Fest beschlossen ist, wird ein Zaun um das fein verzierte Begräbnishaus errichtet. Zu allerletzt werden innerhalb des Zaunes hölzerne Statuen aufgestellt. Sie sollen an das frühere Leben der Verstorbenen erinnern, damit deren Geister sich an ihrem neuen Platz ebenso wohl fühlen, wie an ihrem alten. Die Holzstatuen stellen Männer dar, schwangere Frauen mit einem Kind am Rücken, ein schon morscher französischer Soldat hält Wache. Im Totenkult der Giarai zeigt sich nicht nur ihr Kunstsinn, sondern auch ein liebevoller Umgang mit der Gesellschaft, die nicht nur die Lebenden umfasst.

Doch langsam sterben die Begräbnisriten der Giarai aus. Zurückgedrängt auf ein kleines Stück Land, auf dem nicht ausreichend Kaffee angebaut werden kann, um davon zu leben, zu wenig Land, um eine andere Nutzpflanze zu ziehen, bleibt nicht genug für teure Bestattungszeremonien.

Ironischerweise trinken die Bergvölker nicht, was rund um ihre Dörfer in riesigen Plantagen angepflanzt wird. Kaffee ist ihnen zu kostspielig. Dieser kam aus einer anderen Kultur zu ihnen und hat ihnen mehr Leid als Freude gebracht. Mit dem Christentum brachten französische Missionare auch Kaffeepflanzen und wirtschaftliches Interesse in eine Region, die bis dahin autonomes Gebiet der *montagnards* war. 1857 wuchsen die ersten Kaffeesetzlinge in Vietnam, und bald danach ließen sich in Tay Nguyen erwerbsmäßig Kaffeepflanzer nieder. In den zwanziger und dreißiger Jahren des vorigen Jahrhunderts wurde Kaffeeanbau gefördert und ausgeweitet. Der Franzose Léopold Sabatier war zu jener Zeit das Provinzoberhaupt von Dak Lak. Zum Schutze der *montagnards* schloss er mit ihnen eine Allianz gegen die Geschäftsinteressen der Franzosen und der Vietnamesen aus dem Tiefland. Besiegelt mit einem traditionellen Büffelopfer, schworen die *montagnards* den Franzosen, oder vielmehr Sabatier, Loyalität und willigten in zehn Tage unbezahlte Zwangsarbeit pro Jahr auf den Kaffeeplantagen ein. Dafür genossen die *montagnards* weitgehend Autonomierechte. Sabatier mahnte die *montagnards,* nie ihr Land zu verkaufen, um darauf Kaffee anzubauen. Vier Monate nach dem Abkommen wurde Sabatier ausgetauscht und Tay Nguyen für die wirtschaftlichen Interessen der Kolonialherren geöffnet. Große Teile des Regenwaldes waren schnell abgeholzt und durch adrette Reihen von Kaffee- und Teepflanzen sowie Pfefferstauden ersetzt. Die Alleinbestimmung der *montagnards* verschwand durch den Kontakt mit den Franzosen und den Tiefland-Vietnamesen, die 1957, vier Jahre nach dem Ende der französischen Kolonialherrschaft, im Zuge eines groß angelegten Landentwicklungsprogramms von der südvietnamesischen Regierung gezielt nach Tay Nguyen umgesiedelt wurden.

Die vulkanische Erde ist durch die Trockenzeit

ausgedörrt. Die angebauten Nutzpflanzen sollten saftlos sein. Doch die grünen Blätter der Pfefferstauden ranken sich parasitär an Betonpfeilern empor, manchmal sind es noch, wie früher, Baumstumpen. Auch die Tee- und Kaffeesträucher wirken kraftvoll und fleischig. Sie stehen kurz vor ihrer Ernte. Vor etlichen Häusern liegen schon die roten Kaffeebohnen zum Trocknen am Boden aufgelegt. Erst dann, wenn alles abgeerntet ist, beginnt für die Giarai die Zeit der Feste, die Zeit, um Reparaturen an den Häusern vorzunehmen, Zeit für Heirat, Zeit, um Verwandte zu besuchen.

Als hätte die Farbe der Erde und des landwirtschaftlichen Hauptproduktes der Region auch auf sie selbst abgefärbt, so sieht die kaffeebraune Haut der Giarai aus. Gegerbt von der trockenen Hitze des Hochlandes. Im Dorf Pleiphun sind wenige Menschen zu sehen. Die meisten Bewohner arbeiten auf den umliegenden, riesigen Kaffeeplantagen. Wie könnte die jemand erwerben, der seine Geschäfte im Tauschhandel abwickelt und das Zahlungsmittel Geld kaum kennt? An den Plantagen werde ich vorbeigeführt, indirekt arbeitet nun die Zensur und führt mich zu den terrassenförmig angelegten Reisfeldern. Hier sind Frauen und Kinder. Sie wirken bedrückt, die Giarai, es fehlt die Fröhlichkeit, die sonst in ganz Vietnam zu sehen ist. Vielleicht ist es nur deshalb, weil wir Eindringlinge sind, vielleicht gehört der Reiseführer nicht zu ihren Freunden? Sie würdigen ihn keines Blickes und antworten nur notdürftig auf seine Fragen.

Der Konflikt der ethnischen Minderheiten im Zentralen Hochland wird sehr kontrovers dargestellt, je nachdem auf welche Quellen man sich bezieht. Das Zentrale Hochland Vietnams wird von einem eisenroten Erdteppich fruchtbarsten Landes überzogen. Auf ihm wächst jenes braune Gold, das Vietnam nach Brasilien zum zweitgrößten Kaffee-Exporteur der Welt gemacht hat. Jedes bebaubare Land ist nützlich, um diese Entwicklung fortzusetzen, besonders jenes der ethnischen Minderheiten, deren Vorfahren das Hochland Tay Nguyens seit Jahrhunderten bebauten. Immer mehr von ihrem fruchtbaren Boden wird durch die Regierung enteignet. Vom landwirtschaftlichen Ertrag der im Gegenzug zugeteilten unzulänglichen Landwirtschaftsflecken ist ihr Überleben nicht möglich. Viele Angehörige der Bergvölker enden als Arbeiter mit Hungerlohn auf riesigen Kaffeefarmen der vietnamesischen Regierung oder auf jenen der zugewanderten Viet. Glaubt man den Berichten der Menschenrechtsorganisationen wie dem UN-Hochkommissariat oder Human Rights Watch, finden immer wieder gewaltsame Übergriffe von Polizei und Militär in Tay Nguyen statt. Über Enteignung, Festnahmen, über Folter und sogar Mord liest man.

Für die *montagnards* hat sich seit Ankunft der ersten Kaffeepflanze nichts zum Besseren gewendet. Im Jahr 2001 kam es im gesamten Zentralen Hochland zu friedlichen Demonstrationen. Die *montagnards* forderten darin die Rückgabe ihres Landes, freie Religionsausübung, ein Ende von Zwangssterilisation und gleiche Möglichkeiten im Bereich Bildung und Arbeit. Die Demonstrationen wurden vom Militär blutig niedergeschlagen. Und nach wie vor befinden sich die Bergvölker inmitten des Kugelhagels zwischen der vietnamesischen Regierung und einer kleinen Gruppe von Exil-Giarai in den USA, die die Autonomie des Zentralen Hochlandes zurückhaben wollen.

Wie die Situation der *montagnards* tatsächlich aussieht, ist aufgrund der unterschiedlichen Informationspolitiken diverser Quellen schwer zu sagen. Meine eigenen Recherchen beim Besuch eines Dorfes abseits »Vietnam Tourism« haben nur eines gebracht: eine Verhaftung durch die örtliche Polizei. Wie brisant die Lage in Tay Nguyen wirklich ist, bleibt Spekulation und ist noch viele Reisen wert.

Miss Saigon

Co, Co – Miss, Miss! Das kecke, frivole Fräulein Saigon lässt am Hafen die Seele baumeln. Flirtet in Nachtclubs und Bars und trägt nur einen Hauch von Stoff. Co Saigon liebt Rummel bei Tag und bei Nacht. Zum Schlafen findet sie kaum Zeit. Miss muss ausgehen im Sommer und im Winter. Denn heiß ist es das ganze Jahr. Co Saigon kennt nicht vier Saisonen wie die Dame Hanoi. Entweder ist es trocken oder es regnet, heiß ist es überall. Co Saigon denkt nicht an morgen, geht keine Langzeitverpflichtungen ein. Das extrovertierte Fräulein langweilt sich rasch, sucht Abenteuer und will immer Neues. Co Saigon versteht ihr Geschäft. Heute verdient Miss hiermit schnelles Geld … morgen ist ein neuer Tag. Co Saigon ist innovative Trendsetterin, sie investiert, macht Geld, verkauft und beginnt den Kreislauf wieder von vorne. Dame Hanoi erhebt wohl manchmal mahnend den Zeigefinger gegenüber dieser Schnelllebigkeit. Co Saigon kennt die introvertierte Dame, sie ist sittsam und ruhig und vielleicht eifersüchtig auf das leichtherzige Gemüt des jungen Fräuleins. Als Dame Hanoi selbst noch jung war, war Co Saigon die »Perle des Orient«. Mit dem Krieg blätterten die einzelnen Perlmuttschichten Saigons ab. Co Saigon wurde zur Ehe gezwungen. Das Fräulein hat sich zwar scheinbar angepasst, von ihrem wahren Charakter jedoch nichts verloren. Sie blieb Co Saigon.

Unter dem Khmer-Namen »Prey Nokor« war Saigon einst der kambodschanische Haupthafen, der im sechzehnten Jahrhundert von den Vietnamesen erobert wurde. Anschließend soll das Gebiet Gia Dinh geheißen haben. 1862 hat sich die französische Kolonialregierung in Indochina eingerichtet. Gia Dinh wurde zu Saigon und bis zum Ende der Kolonialzeit im Jahre 1954 saß dort die Regierung Indochinas. Danach wurde Saigon die Hauptstadt Südvietnams und blieb es fast zwanzig Jahre lang. Als am 30. April 1975 die letzten US-Soldaten, Diplomaten und einige Südvietnamesen vom Dach der amerikanischen Botschaft in einem Hubschrauber das Land verließen, kam Saigon unter die Kontrolle der nordvietnamesischen Armee. Rund tausend Amerikaner und sechstausend Südvietnamesen flohen auf diese Weise, während in den Vororten Saigons schon die Panzer der Kommunisten einrollten. Im Zuge der Einrichtung der vereinten kommunistischen sozialistischen Republik Vietnams wurde Saigon zu Ehren des Mannes, der das Land in die Unabhängigkeit führte, in Ho-Chi-Minh-Stadt umbenannt. Doch nach wie vor verwenden die Südvietnamesen ihren alten Namen Saigon.

Nur die Tempel und Pagoden der Stadt des Südens mit sieben Millionen Einwohnern laden zum Verweilen ein. In der übrigen Stadt herrscht geschäftiges Treiben. Dem alteingesessenen Café »Givral« in der Dong-Khoi-Straße haftet noch die Patina des ehemaligen Saigon an, damals, als die Straßen noch französische Namen trugen und die »Straße des Aufstandes« noch rue Catinat hieß. Das Café »Givral« liegt im Geschäfts-, Einkaufs- und Unterhaltungszentrum Saigons. Immer noch ist das »Givral« ein guter Ort zum Beobachten, zum Gesehenwerden, um Aktuelles zu erfahren. Zum Beispiel über die neueste Talkshow. Das nationale

Fernsehen widerlegte blitzartig den Vorwurf an vietnamesische Grundschüler, dass sie eine gewisse Rechenschwäche hätten. Mehrere Schüler stellten sich der Probe. Die Kalkulation der Summe von 15 plus 37 Lotussamen stellte für sie ein schier unlösbares Rechenproblem dar. Deshalb wählte der Talkshowmeister ein einfacheres Beispiel, indem er die Lotussamen durch amerikanische Dollar ersetzte. Ein Junge verkündete wie aus der Pistole geschossen das Resultat »52 Dollar«. »Tien« – *Geld* ist eines der am häufigsten verwendeten Wörter in Vietnam, und in Saigon dominiert dieses Wort alles. Hier ist die Geburtsstätte des neuen asiatischen Tigerstaates.

Der Blick aus den großflächigen Fenstern des renovierten Café »Givral« führt zum Eingang des Stadttheaters. Rechts und links vom Stadttheater stehen zwei geschichtsträchtige Saigoner Hotels, wie das Theater stammen sie aus der französischen Kolonialzeit. Das zehnstöckige Hotel »Caravelle« auf der rechten Seite des Theaters war während des Krieges das höchste Gebäude der Stadt. Mitte der neunziger Jahre begann ein Bau- und Renovierungsboom in Saigon. Die Regierung erprobte *doi moi*, die Erneuerungspolitik, zuerst im Süden, bevor sie diese Maxime auch im Norden zum Gesetz machte. In Hanoi dominieren Politik und Kultur, in Saigon die Wirtschaft. Schon seit jeher hieß das Wirtschaftszentrum Vietnams Saigon. Südvietnam ist sehr fruchtbar und hat mehr natürliche Ressourcen als der Norden. Die Landwirtschaft ist bis heute der wichtigste Wirtschaftszweig des Landes. Das an Saigon grenzende Mekong-Delta ermöglicht drei Reisernten pro Jahr, fast der gesamte Meeresfrüchte-Export erfolgt aus Südvietnam, und die großen

Rohöl- und Erdgasvorkommen befinden sich im Südchinesischen Meer vor der Küste Saigons. Doch neben der Landwirtschaft wachsen langsam Industriestandorte im Süden: für Bekleidung, Schuhe und Leder, Düngemittel, Nahrungsverarbeitung, Stahl und Zement. Die Telekommunikation und Elektronikindustrie nutzt auch die seit jeher bessere Infrastruktur des Südens. In Saigon und dem fruchtbaren Mekong-Delta ist das Pro-Kopf-Einkommen beinahe vier Mal so hoch wie im Landesdurchschnitt. Die Wirtschaft wächst derzeit jährlich um rund acht Prozent und hat die Asienkrise der späten neunziger Jahre gut überstanden.

Vietnam war vor dem Krieg das reichste Land Asiens, danach zählte es zu den ärmsten Ländern der Welt. Nun scheint das Land die dreißig Jahre Armut der Nachkriegszeit, resultierend aus dem amerikanischen Wirtschaftsembargo und einer unglücklichen sozialistischen Wirtschaftspolitik, rasch auszugleichen. Vietnams Wirtschaft wächst nach der Chinas und Indiens am schnellsten in Asien. Ausländische Unternehmen schätzen das Land als kostengünstigen Produktionsstandort mit billigen und zuverlässigen Arbeitskräften und als interessanten Absatz- und Beschaffungsmarkt.

In visionärer Voraussicht wurden deshalb rechtzeitig Unterkünfte für ausländische Investoren, Geschäftsreisende und Touristen geschaffen. Vor zehn Jahren gab es ausschließlich veraltete und restaurierungsbedürftige Hotels. Sie wurden vorwiegend von ausländischen Investoren erneuert. Auch das legendäre Kolonialhotel »Caravelle« bekam 1998 einen zweiten Turm, der vierzehn Stockwerke höher ist als der ursprüngliche. Vom Dach des zehnstöckigen »Caravelle« erfolgte während des Vietnamkriegs die Berichterstattung über jenen ersten Krieg der Geschichte, der über das Fernsehen mitverfolgt werden konnte. Dort, wo dies geschah, befindet sich jetzt die Hotelbar »Saigon, Saigon«.

Gewohnt haben viele ausländische Kriegsberichterstatter damals auf der linken Seite des Stadttheaters, im ältesten Hotel Saigons, dem »Continental«, das sein Äußeres seit 1880 kaum verändert hat. In diesem Hotel an der Dong-Khoi-Straße entstand Graham Greenes Vietnamroman »The Quiet American«. Phuong, die Hauptdarstellerin im Roman, lernte ihren stillen Amerikaner in einer Hotelbar kennen, im berüchtigten Saigoner Nachtleben des Vietnamkrieges, als die Prostitution ein einträgliches Gewerbe war. Hübsche junge Frauen warteten auf ihre Kunden in verführerischen Miniröcken der sechziger Jahre in den Massagesalons und Hotelbars. Nach 1975 wurden diese junge Frauen in Lagern des nordvietnamesischen Kriegsgewinners moralisch und politisch »umerzogen«, sie mussten sticken und Bambuskörbe flechten.

Vom Nachkriegs-Saigon ist nicht viel übrig, außer dem alten Café »Givral«. Einer der Stammgäste ist ein siebzigjähriger Jurist. Auch er verbrachte acht Jahre in einem Umerziehungslager in Nordvietnam, an einem entlegenen Ort an der chinesischen Grenze. Vielen intellektuellen Südvietnamesen und ehemaligen Mitarbeitern der unterlegenen südvietnamesischen Regierung ging es während der Umerziehung ähnlich wie ihm. Wie bei einem religiösen Ritual musste der Jurist die vorgesagten politischen Parolen des kommunistischen Regimes nachbeten und die Revolution preisen. Doch die Gehirnwäsche blieb bei ihm erfolglos, weil er nicht an den Kommunismus glaubte. Ebenso scheint es mit den Etablissements der Saigoner Nacht zu sein: das Nachtleben und die Prostitution florieren wieder in Saigon. In den Hotels haben neue Massagesalons eröffnet, und auch die Bars sind wieder voll mit bildhübschen Vietnamesinnen, die den Kontakt mit Freiern suchen, unter denen sich auch Parteikader befinden.

Eine der ersten Saigoner Bars der Reformzeit ist die »Q«-Bar. Sie wurde 1992 von einem New Yorker Modefotografen und seiner südvietnamesischen Exilfreundin eröffnet. Phuong ist eine *viet kieu*, eine Auslandsvietnamesin, eine Bezeichnung für jene Vietnamesen, die seit Kriegsende im Ausland leben. Sie floh dreizehnjährig mit ihrer Familie nach Kriegsende auf einem Boot aus Vietnam – als »boat people«. 1991 kam sie nach Ho-Chi-Minh-Stadt zurück und eröffnete »die Ausländer-Bar« Saigons.

Etwa zwei Millionen Vietnamesen leben heute noch im Ausland. Rund zweihunderttausend *viet kieu* sind seit der wirtschaftlichen Öffnung Vietnams in ihre ehemalige Heimat zurückgekehrt und arbeiten in internationalen Firmengruppen, Nichtregierungsorganisationen oder eröffnen ihre eigenen Geschäfte. Als sie nach dem Fall Saigons – wie die Südvietnamesen ihre Kapitulation nennen – oder nach der Befreiung Saigons – wie sie von den nordvietnamesischen Kriegsgewinnern bezeichnet wird – als »boat people« aus dem Land geflüchtet sind, galten die *viet kieu* als Verräter. Heute sind sie Patrioten, die ihr Kapital und ihre Expertise nach Vietnam zurückbringen und ihren Reichtum mit Stolz offen zur Schau stellen. Die Regierung gewährt ihnen niedrigere Steuersätze, bessere Visakonditionen und billige Kredite. Kein Wunder, dass viele Vietnamesen, die die wirtschaftlich harte Nachkriegszeit im Land ausgestanden haben, den *viet kieu* ihren schnellen Reichtum neiden.

Wenn ein allein stehender oder allein reisenden Mann in Vietnam Geschäfte anbahnt, dann scheint es wie eine vietnamesische Tradition, dass ihm eine Frau angeboten wird. Auch die vietnamesischen Männer, die über die nötigen Geldmittel verfügen, besuchen Massagesalons und nehmen Sexdienste freizügig in Anspruch. Zur Verwunderung so manches ausländischen Geschäftsreisenden ist die Frage nach seiner Ehefrau nicht familiäres Interesse, sondern hat die Gesundheit des Mannes im Auge. Ungesund sei eine längere Trennung von der Ehefrau, und so wird schon oft beim ersten Geschäftsessen auf die Möglichkeit eines nächtlichen Frauenbesuches hingewiesen. In den Provinzen bieten Väter mitunter sogar ihre minderjährigen Töchter an. Eine Frage der Höflichkeit, fast wie das Anbieten von Tee.

Bei solchen Bräuchen verwundert es nicht, dass Aphrodisiaka in Vietnam einen sehr hohen Stellenwert haben. Diese gibt es in Form von Kräutertoniken, eingelegten Seepferdchen, Schlangenschnaps. Fette tropische Riesenschlangen werden in große Glaskaraffen gemeinsam mit Kräutern in hochprozentigem Alkohol eingelegt. Nach monatelangem Ruhen der Zutaten braut sich langsam ein bräunliches Tonikum zusammen, das besonderen Gästen als vietnamesischer Whisky angeboten wird. Aber auch Speisen sollen aphrodisierend wirken. Schlange ist wohl eines der diesbezüglich geläufigsten Gerichte; die Potenz fördern aber noch ganz andere Tiere.

Im Saigoner Bezirk Phu Nhuan gibt es ein nach außen unauffälliges Restaurant mit Garten. Darin befindet sich ein »Kleintierzoo«. Ein zahmer Affe, ein Braunbär, Gürteltiere, Schlangen sowie Hunderte braune Fledermäuse mit orangefarbenen Spitzohren, die mit dem Kopf nach unten in einem Drahtkäfig hängen. Die Tiere stammen aus dem südvietnamesischen Dschungelgebiet und stehen auf der Speisekarte des »Jungle Food Restaurants«. Viele dieser Tiere gelten als bedrohte Arten. Sie zu jagen und sie im Land zu verzehren, wurde von der Regierung strikt verboten, doch das hindert weder die Wilderer noch Spezialitätenrestaurantbesitzer. Hier im Süden lebt man nach dem alten vietnamesischen Sprichwort, dass die Gesetze des Königs vor dem Dorfeingang enden.

Aus dem Drahtkäfig wird eine Fledermaus geholt und von drei Restaurantangestellten zur Schlachtbank befördert: Eine Person legt den Körper der Fledermaus mit auseinander gezogenen Flügeln auf den Hackstock, eine zweite Person hält die Schnauze des Tieres mit einem Messer auf das Brett nieder. Schnell schlägt der dritte Restaurantangestellte mit einem Beil dem Tier den Kopf ab. Der aus dem Hals laufende Blutstrom rinnt in ein Glas, wird mit starkem Reisschnaps vermischt und den Gästen serviert. Einer Schlange ergeht es auch nicht besser: mit einem Scherenschnipp fällt der Kopf zu Boden und aus dem Körper fließt das Blut in ein Gefäß. Danach wird die noch zappelnde Schlange der Länge nach mit der Schere aufgeschlitzt, die Gedärme werden entfernt, das Herz und die Galle in ein Glas gelegt. Der hinzugefügte Schnaps färbt die stärkende Medizin mit dem Herzen im Glas dunkelrot. Mit der Galle geschieht dasselbe – es entsteht eine giftgrüne Flüssigkeit, die ebenso den Gästen serviert und von diesen in einem Schluck hinuntergespült wird. Der hochprozentige Alkohol übertönt jeden anderen Geschmack.

Die tote Schlange kann dann auf achtzehn verschiedene Arten zubereitet werden, unter anderen diese: die Rippen frittiert, die Haut knusprig gebraten, das Fleisch mit Gemüse gedünstet und mit Kräutern gebraten, aus dem Kopf eine Suppe zubereitet. Und ob das Fleisch, das an zartes Hühnerfleisch erinnert, aphrodisierend wirkt, probiere aus wer mag.

Die jungen Saigoner treffen sich weder zum »Dschungelessen« noch im Café »Givral«. Die Betuchten lieben die schicken, von Klimaanlagen gekühlten Hotelbars, deren Temperaturen an einen Eisschrank erinnern. Sie trinken dort bis zum Gläserrand mit zerkleinerten Eiswürfeln gefüllte, frisch gepresste Tropenfrucht-Mixgetränke. Wenn ihre Körper dann nur noch aus Gänsehaut bestehen und sie aus der Hoteltür treten, schlägt ihnen die Hitze von schwülstigen vierzig Grad im heißesten Monat April ins Gesicht. Wenn die Nacht hereinbricht, füllen sich die Straßen Saigons mit jungen Leuten. Mopeds knattern. Discos dröhnen. Pärchen mit wenig Geld drehen mit ihren Mopeds endlose Runden durch die Stadt und unterhalten sich in günstigen Straßencafés oder in nach lokalem Geschmack eingerichteten Diskotheken, deren Licht an ein Farbenspiel blinkender Christbaumbeleuchtung erinnert. Die rustikalen Tische sind aus massivem Holz gemacht, die Innenarchitektur erinnert an eine Höhle, und die Musik ist schmalziger bis jazziger Vietpop. Andere Lokale könnte man auch in jeder westlichen Großstadt finden, wie die Disco »Apocalypse Now«, benannt nach dem 1979 unter der Regie von Francis Ford Coppola gedrehten Antivietnamkriegsfilm. Die Diskothek ist nun schon seit zehn Jahren eines der beliebtesten Lokale der Saigoner Ausländergemeinschaft und befindet sich in der

Nähe des Café »Givral«, im teuren ersten Bezirk, wo Restaurants, Bars und Massagesalons aus dem Boden sprießen, so wie vor dem Krieg. Untraditionelle Saigoner Fräuleins, die, sexy gekleidet, alleine abends ausgehen, tanzen zu den letzten Hits aus den internationalen Charts und genießen das Leben. Sie sind die vietnamesischen Babyboomer der Nachkriegsgeneration, die keine Opfer für die Nation bringen mussten und für die der Krieg der Eltern nur noch lästige Erzählung ist. Der Wandel aus einer idealistischen Gesellschaft in eine spaßorientierte ist in vollem Gange.

Die Dong-Khoi-Straße ist »Business à la Saigon«. Am Ende der Straße, einen Fußmarsch vom Café »Givral« entfernt, ist der Ben-Thanh-Markt. Den Markthalleneingang ziert eine große Uhr, die Architektur der Halle stammt von den Franzosen. Der Markt und die umliegenden Straßen zählen zu den geschäftigsten in Saigon. Was der durchschnittliche Saigoner isst, im Alltag verwendet oder an Kleidung trägt, gibt es im *cho ben thanh* zu kaufen. Fleisch, Fisch, Meeresfrüchte, Gemüse, Gewürze, Tabak, Kleidung, Hüte, Haushaltsgegenstände, Schmuck, Geschirr, Stoffe, Kosmetika, Blumen, und, und, und. Das Angebot ist riesig: Enteneier, Gänseeier, Hühnereier vom westlichen Huhn *ga tay*, vom vietnamesischen Huhn *ga ta* sowie Wachteleier. Das schrillfarbene Tropenobst aus dem Mekong-Delta ist in Pyramidenform auf hölzernen Verkaufsständen aufgebaut. Die fußgroße Drachenfrucht liegt zur Qualitätsprüfung in zwei Hälften geschnitten auf. In der pinkfarbenen Schale befindet sich ihr weißes, zartsüßes Fruchtfleisch mit Hunderten schwarzen Körnern, so winzig wie Grassamen. Die konische *atemoya* sieht aus wie ein sitzender Öltropfen und ihre Schale erinnert an die Haarlocken einer Buddhastatue, die seine Weisheit darstellen sollen. Im vietnamesischen Volksmund heißt die *atemoya* deshalb auch Buddhakopf. Die Schalenschuppen werden von der Frucht abgezogen, was übrig bleibt, ist ein Fruchtfleisch, das süß wie Zucker schmeckt und daher auch Zuckerapfel genannt wird.

Neben dem Obst- und Gemüsemarkt gibt es Essensstände: Suppen, Nudel- und Reisgerichte werden vor den Augen der Hungrigen zubereitet. Der Ben-Thanh-Markt steht stellvertretend für die Wirtschaftsdynamik Saigons. Ebenso wie die Pham-Ngu-Lao-Straße ist er ein typisches Beispiel dafür, mit wie viel Flexibilität und Geschwindigkeit Saigon auf die Marktbedürfnisse reagiert. Die Pham-Ngu-Lao-Straße ist eine Geschäftsstraße, die für Rucksacktouristen entstanden ist. Dort befinden sich Reisebüros, Mauer an Mauer. Restaurants bedienen jeden internationalen Geschmack, einfache Hotelzimmer gibt es hier noch um wenige Dollar zu mieten. Die mittlerweile offiziell als »Rucksacktouristenstraße« bezeichnete Pham Ngu Lao ist eine Börse für die heißesten News auf der Reisefront. Der Werbeslogan bei der großen Konkurrenz lautet: »Same, same – but better!« Die Einheimischen geben Empfehlungen für die Weiterreise ab: das beste Schneidergeschäft, das beste Restaurant und das beste Hotel. Auf diese Art und Weise trifft ein Abenteuertourist auf seiner Reise durch das Land die ganze Sippe des Pham Ngu Lao'schen Erstkontaktes, und an jedem neuen Reiseziel wird er herzlich aufgenommen. Nicht immer ist die so bezeichnete Tante, die dreihundert Kilometer entfernt lebt, eine echte Blutsverwandte. Auch Freunde und

Nachbarn, zu denen eine enge Beziehung besteht, werden in Vietnam als Schwester, junge Tante, alter Onkel, Großmutter oder Großvater angesprochen. Die Anrede Herr und Frau gibt es auch, sie wird bei einem distanzierten oder neutralen Verhältnis verwendet. Je mehr Respekt dem Gegenüber gezollt wird, desto älter wird es gemacht. Wenn eine dreißigjährige Frau mit *ba*, Großmutter, angesprochen wird, ist dies keineswegs unhöflich, sondern eine sehr respektvolle Geste. Die gegenseitigen Empfehlungen erwirtschaften innerhalb des Bekannten- und Verwandtschaftskreises ein beträchtliches Einkommen, auch dann, wenn nur wenige der fast vier Millionen Touristen des letzten Jahres den Empfehlungen gefolgt sind.

Für Vietnamreisende ist der Krieg mitunter ein Motiv, das Land zu besuchen. Die Regierung und die Reiseagenturen haben auf dieses Marktbedürfnis rasch reagiert, und das ehemalige Hauptquartier der nordvietnamesischen Armee in Saigon-Gia Dinh ist heute eine der meistbesuchten Touristenattraktionen Südvietnams. Der Bezirk Cu Chi, dreißig Kilometer nordwestlich vom Stadtzentrum Saigons entfernt, ist ein zweihundert Kilometer langes Tunnelnetz. In einer Tiefe von zweieinhalb bis zwölf Metern im Untergrund haben Tausende Soldaten der nordvietnamesischen Armee während des Krieges vor den Toren der amerikanischen Armee über zwanzig Jahre unentdeckt gelebt. Es gab Küchen, Schlafzimmer, Krankenzimmer und Besprechungsräume. In der ersten Etage, zweieinhalb Meter unter der Erde, fanden siebentausend Menschen Platz, in der zweiten und dritten Etage insgesamt siebzehntausend. Die etwa siebzig Zentimeter breite Hauptachse der Tunnels war eineinhalb Meter hoch, ausreichend breit für die feingliedrigen Vietnamesen, um sich darin zu bewegen. Für Touristen wurden Teile des Tunnelnetzes verbreitert, sodass auch westliche Staturen in gebückter Haltung mit einer Stirnlampe am Kopf im Gänsemarsch durch den Tunnel kriechen können und den Nachgeschmack des Vietnamkrieges erleben. Laut einem Kriegsveteranen sollen in der Provinz Cu Chi pro Quadratmeter fünfunddreißig amerikanische Bomben abgeworfen worden sein.

Der Dschungel um Cu Chi wurde im Krieg vollkommen zerstört. Siebzig Millionen Liter Agent Orange Entlaubungsmittel sprühten amerikanische Flugzeuge auf einer Fläche von der Größe Österreichs auf den Dschungel, um der kommunistischen Guerilla die Deckung zu nehmen. Die weißen Sprühwolken zerstörten den gesamten Mangrovenwald, er wird sich wahrscheinlich nie mehr wieder erholen. Ebenso dauerhaft und folgenschwer waren die Schäden an der genetischen Erbsubstanz jener Menschen, die damals den Sprühwolken ausgesetzt waren: egal, ob vietnamesische Zivilisten, nord- und südvietnamesisches oder amerikanisches Militär. Tot- und Missgeburten, Krebs, Störungen des Nerven- und Immunsystems gibt es noch in der dritten Generation. Heute werden in betroffenen Teilgebieten Garnelen gezüchtet, obwohl Chemikalienrückstände im Boden europäische Grenzwerte um das Tausendfache übersteigen.

Das ehemalige Saigoner »Kriegsverbrechen-Museum« wurde vor mehreren Jahren umbenannt in »Museum der Kriegsüberreste«. Besucher werden von ausgedienten Panzern, Bomben, Granaten und Haubitzen empfangen. Die teilweise aus amerikanischen Quellen stammenden Archivfotografien in den Ausstellungsräumen zeigen lachende amerikanische Soldaten vor den Leichen vietnamesischer Soldaten. Die abgetrennten Köpfe der Vietnamesen stehen wie eine Trophäe vor den GIs im Gras. Fotos zeigen Opfer von Splittergranaten, deren verwundete Körper in Dschungelkrankenhäusern operiert werden. Ein Farbfoto in Lebensgröße zeugt vom Massaker von My Lai, in dem fünfhundertsieben fliehende Zivilisten, Frauen, Kinder und Babys, auf der Straße niedergemetzelt wurden. Und in Reagenzgläsern sieht man die deformierten Babykörper, die das Ergebnis der hochgiftigen Entlaubungsmittel sind.

Einerseits bemüht sich Vietnam vom Image des Krieges wegzukommen, andererseits werden die wenigen verbliebenen Kriegsschauplätze als Touristenattraktionen ausgeschlachtet. Der Tourismus ist eine wichtige Einnahmequelle. Die staatlichen Betreiber der Kriegserinnerungsstätten sehen keine Diskrepanz darin, Kriegssouvenirs als Devisenbringer zu verkaufen und Touristen mit Originalkriegswaffen schießen zu lassen. Die Vietnamesen haben aus Jahrzehnten voller Armut gelernt, potenzielle Geschäftszweige gewinnbringend zu nutzen.

Hätte der südvietnamesische Präsident Ngo Dinh Diem erkannt, wohin die Beratung durch amerikanische Militärs führen würde, dann hätte er unter Umständen der Stationierung amerikanischer Truppen in Vietnam nicht zugestimmt. In seiner ehemaligen Residenz – heute heißt sie Unabhängigkeitspalast – hatte er eine direkte Telefonleitung ins Weiße Haus nach Washington DC. Der diktatorische Diem hatte auf dem Dach seines Präsidentenpalastes einen Hubschrauberplatz eingerichtet, von dem er im Ernstfall schnell fliehen konnte. Doch die

Geschichte hatte anderes mit ihm vor: Er wurde in einem Putsch gestürzt und ermordet. Als würde er noch immer im Palast residieren, stehen die asiatischen Edelholzmöbel mit Perlmutteinlagen und zwei Meter hohe Keramikemporen in den Wohnräumen des ehemaligen südvietnamesischen Präsidenten. Was hätte wohl Douglas »Pete« Peterson zu Elefantenfüßen als Gastgeschenk bei seinem Amtsantritt am 9. Mai 1997 als erster amerikanischer Botschafter nach Kriegsende in Vietnam gesagt? Der ehemalige vietnamesische Kriegsgefangene verlautete in seiner Amtsantrittsrede, die wichtigste Mission für ihn in Vietnam sei die Suche nach MIAs. Die »missing in action«, jene ehemaligen US-Soldaten, die in Vietnam als vermisst gelten und deren gefundene Überreste nach Amerika überführt werden sollen. In unzähligen Leserbriefen an die englischsprachige Tageszeitung *Vietnam News* rieten aufgebrachte Amerikaner und Vietnamesen dem US-Botschafter, besser für die Beseitigung des verbliebenen Kriegsschrottes zu sorgen, der noch beinahe täglich zu tödlichen Unfällen führe. Die Opfer sind vorwiegend Kinder und Bauern, die während der Feldarbeit die Gliedmaßen verlieren, dreißig Jahre nach Kriegsende getötet werden, von Landminen und Blindgängern.

Die amerikanische Präsenz heißt heute »wirtschaftliche Möglichkeiten schaffen«. Der politische Slogan lautet: werde reich, und das Land wird mit dir reich. Vietnam ist zweigeteilt, zwei Länder, zwei Welten, dennoch vereint in einem gemeinsamen Schicksal. Die zwei widersprüchlichen Städte Hanoi und Saigon illustrieren nachhaltig die ideologische Kluft zwischen dem Norden und dem Süden. Die alte Welt Hanois ist die Welt vergangener Siege. Die neue Welt Saigons ist eine sich wandelnde mit einer verlockenden, noch unsicheren Zukunft. Vietnam ist eine Mischung aus beidem – eine Gesellschaft, die mit großer Veränderung experimentiert und teilweise noch sorgfältigen Kontrollen eines totalitären Regimes unterliegt. In Saigon wurde begonnen, den Weg für das Neue zu ebnen. Die Stadt brodelt und kocht, ihre wirtschaftliche Entwicklung ist nicht mehr zu bremsen. Im industriellen und wirtschaftlichen Herzen Vietnams werden dreißig Prozent aller Waren des Landes hergestellt. Die ausländischen Investoren und Handelstreibenden bevorzugen Saigon als Standort für ihre Geschäfte. Ihre internationalen Werbetafeln haben die handgemalten vietnamesischen aus dem Stadtbild verdrängt. Der Wind bläst vom Süden in den Norden, sagt man in Saigon. Dieser Wind breitet sich über das ganze Land aus, ein Land voller Energie, voller Geist und voller Kraft für Erneuerung, für eine neue Revolution, dieses Mal eine wirtschaftliche.

Und trotz all der Hektik einer Millionenstadt – beim Blick aus dem Saigoner Café »Givral« spürt man auch die zeitlose Tradition von alten rosaroten Pagoden, in denen Mönche beten, eingehüllt in die Schwaden der Räucherstäbchen. Gläubige, die schemenhaft im Tempelzwielicht Altäre mit Tausenden kleinen Fotografien Verstorbener besuchen und Buddhastatuen Blumen darbringen. Sie betrachten schwarze und rote Holzstatuen mit langen haarigen Bärten, die die Gegensätze der Gesellschaft veranschaulichen: das Gute oder das Böse, Yin oder Yang. Und sie verbeugen sich vor Kuan Yin, der Göttin der Barmherzigkeit, die die Menschen prüft und ihnen ihre tausend Arme hilfreich entgegenstreckt. Für das, was die Zukunft Vietnam bringen wird.

Danksagung

Danke
Tanja Dippel, für die guten Inputs und die kritische Auseinandersetzung mit den Texten. Für dein Coaching und deine Antriebskraft.

Meinen Freunden in Vietnam.

Den vielen interessanten vietnamesischen Menschen, die ihr Herz und ihr Haus geöffnet haben. Ohne Sie alle würde es dieses Buch nicht geben.

Die Geschichte »Die Mädchen von Ngu Thuy« wurde erstmals am 30. 4. 2005 in der *Wiener Zeitung*, anlässlich des dreißigsten Jahrestags des Endes des Vietnamkriegs, publiziert.